QUE SAIS-JE ?

Le crime contre l'humanité

MIREILLE DELMAS-MARTY
ISABELLE FOUCHARD
EMANUELA FRONZA
LAURENT NEYRET

ISBN 978-2-13-056603-8

Dépôt légal — 1re édition : 2009, septembre

6, avenue Reille, 75014 Paris

INTRODUCTION

Mireille DELMAS-MARTY

Tout comme les « lois de l'humanité » invoquées par Chateaubriand lors du massacre des prisonniers de Jaffa, l'expression de « crimes contre l'humanité et la civilisation », ou de « lèse-humanité », puis de « crimes contre l'humanité », est longtemps restée en marge de la sphère juridique, associée à la rhétorique littéraire ou diplomatique plutôt qu'à la terminologie pénale. Il faut attendre 1945 pour que le crime contre l'humanité soit inscrit dans le Statut du Tribunal de Nuremberg. Mais le tribunal, incertain sur le droit coutumier, évita de le séparer des autres crimes visés par le Statut (crime contre la paix et crime de guerre), et le juge français Henri Donnedieu de Vabres put constater avec satisfaction, car il n'y croyait guère lui-même, que le crime s'était « volatilisé » au cours du procès.

Cette entrée en scène discrète – mais directement placée au niveau international, car c'est beaucoup plus tard que les codes pénaux nationaux s'adapteront (en France avec le nouveau Code pénal entré en vigueur en 1994) – ne l'empêchera pas de conquérir une autonomie qui devient manifeste en 1997, lorsque les juges du Tribunal pénal international pour l'ex-Yougoslavie affirment, à l'appui de leur premier jugement de condamnation (jugement *Erdemovic,* 1996) :

« Les crimes contre l'humanité transcendent l'individu puisque, en attaquant l'homme, est visée, est niée, l'Humanité. C'est l'identité de la victime, l'Humanité, qui marque la spécificité du crime contre l'humanité. »

Par cette formulation à la fois juridique (« crime », « victime ») et philosophique (« en attaquant l'homme, est visée, est niée, l'Humanité »), les juges entendaient marquer avec force la spécificité du crime contre l'humanité. À propos de la même affaire *Erdemovic,* les juges McDonald et Vohrah, dans leur opinion individuelle devant la chambre d'appel, s'attachent à souligner la différence avec les autres crimes internationaux, mêlant éthique et droit :

« Tandis que les règles proscrivant les crimes de guerre concernent le comportement criminel de l'auteur d'un crime directement envers un sujet protégé, les règles proscrivant les crimes contre l'humanité concernent le comportement d'un criminel non seulement envers la victime immédiate mais aussi envers l'humanité tout entière [...]. Les crimes contre l'humanité sont des crimes particulièrement haïssables et, de surcroît, font partie d'une pratique ou d'une politique systématique et généralisée. En raison de leur ampleur et de leur caractère odieux, ils constituent de graves attaques contre la dignité humaine, contre la notion même d'humanité. Ils touchent, ou devraient toucher, par conséquent, tous les membres de l'humanité, indépendamment de leur nationalité, de leur appartenance ethnique et de l'endroit où ils se trouvent. À ce titre, la notion de crimes contre l'humanité énoncée dans la législation internationale actuelle est la traduction moderne en droit du concept développé en 1795 par Emmanuel Kant, en vertu duquel “une violation du droit en un endroit [de la Terre] est ressentie dans *tous* les autres endroits” » (§ 21).

On perçoit ainsi la richesse, mais aussi l'ambiguïté, de cette dénomination pénale qui comprend l'humanité tantôt comme humanité-valeur, tantôt comme humanité-victime. Comme valeur, l'humanité fonde, dans le prolongement du crime de guerre, l'interdit de l'inhumain. Il s'agit, à l'opposé du paradigme de la guerre contre le crime, de limiter et, si possible, d'interdire l'inhumain, en incriminant les actes contraires à la dignité humaine, ou encore contraires à « la notion même d'humanité ».

En revanche, la référence à l'humanité-victime (en « attaquant l'homme, est visée, est niée, l'Humanité »), rappelant le célèbre « Tout homme est tout l'Homme », marque bien la naissance d'un nouveau paradigme qui nous ferait passer d'une communauté nationale, ou internationale, vers une communauté humaine qu'il fonde sinon politiquement, du moins en éthique et en droit. Les juges en tirent d'ailleurs un classement des crimes internationaux en termes de gravité :

> « Le fait que les crimes contre l'humanité portent atteinte à un intérêt plus large que celui de la victime directe et qu'ils sont, dès lors, d'une nature plus grave que les crimes de guerre se manifeste dans les éléments intrinsèques constitutifs d'un crime contre l'humanité. »

Mais le paradigme reste inachevé. Il est inachevé politiquement car la communauté humaine n'est pas la simple transposition de la communauté nationale à un échelon différent : soulignant l'échec d'une telle analogie, le juriste américain David Luban pose la question, laissée ouverte par John Rawls, de la représentation politique des intérêts de cette humanité-victime[1]. Et l'inachèvement est aussi éthique car l'énumération toujours recommencée des interdits qualifiés de « crime contre l'humanité » ne fait que suggérer, mais sans jamais les définir, les critères qui caractériseraient l'inhumain. Comme valeur, l'humanité reste à construire, car il reste à caractériser le crime contre l'humanité par rapport au crime ordinaire, alors que les valeurs protégées – comme la vie, l'égale dignité ou l'intégrité de certains biens – sont apparemment les mêmes qu'en droit pénal interne. Autrement dit, il reste à dégager, à partir d'un contenu toujours en extension et toujours incomplet, la signification de cette « humanité-valeur » qui sous-tend l'interdit.

Pour tenter d'y parvenir, nous partirons de la *formation* du crime contre l'humanité en droit international (I), pour examiner ensuite sa *réception* dans les systèmes juridiques nationaux (II), puis les interrogations que suscite son éventuelle *transformation* à la lumière de nouvelles pratiques qui pourraient menacer l'humanité et son environnement (III).

1. D. Luban, « A theory of crimes against humanity », *The Yale Journal of International Law,* vol. 29, 2004, p. 134-137.

Chapitre I

LA FORMATION DU CRIME CONTRE L'HUMANITÉ EN DROIT INTERNATIONAL

Isabelle Fouchard

L'expression même de « crime contre l'humanité » distingue ce crime de tous les autres. Il semble évident que sa première spécificité découle de son extrême gravité qui en fait, en toutes circonstances, un crime particulièrement inhumain. La catégorie des crimes contre l'humanité met en cause une valeur désormais reconnue comme fondamentale par la communauté internationale – la dignité humaine – et revêt par conséquent une *gravité substantielle*. Mais celle-ci n'est pas suffisante dans la mesure où tout crime, aussi inhumain soit-il, ne constitue un crime contre l'humanité qu'à condition de présenter, de surcroît, un caractère massif. Les crimes contre l'humanité recouvrent donc également une *gravité circonstancielle* – autrement dit, attachée au contexte spécifique de leur commission. En effet, certains crimes de droit interne tels que le meurtre, le viol ou la torture peuvent être considérés comme extrêmement graves et également attentatoires à la dignité humaine. Pour autant, ils ne pourront recevoir la qualification de « crime contre l'humanité » qu'à condition de s'inscrire « dans le cadre d'une attaque généralisée ou systématique dirigée contre toute population civile », conformément aux dispositions du droit international.

D'où la seconde caractéristique du crime contre l'humanité qui, comme l'ensemble des « crimes internationaux les plus graves » ou « crimes supranationaux »[1], trouve ses fondements directement en droit international. Le Statut de Rome (SR), portant création de la Cour pénale internationale, désigne ces crimes comme étant l'agression, le génocide, le crime contre l'humanité et les crimes de guerre (art. 5 SR).

En l'absence d'une convention internationale générale définissant le crime contre l'humanité, celui-ci se fonde essentiellement sur le droit international coutumier et sur les définitions qu'en retiennent les statuts des juridictions pénales internationales. Il est de ce fait parfois difficile de cerner les contours de ce crime, ce qui explique les différences de définition lors de la réception du crime contre l'humanité dans les droits pénaux nationaux (cf. E. Fronza, chap. II).

Il peut également s'avérer difficile de distinguer entre les différents crimes internationaux les plus graves. Ainsi, les crimes contre l'humanité et les crimes de guerre sont constitués de certaines infractions sous-jacentes communes, telles le meurtre ou la torture, par exemple, et ils peuvent concerner les mêmes

1. I. Fouchard, *Crime international. Entre internationalisation du droit pénal et pénalisation du droit international,* thèse de doctorat, Paris I - Panthéon-Sorbonne/IHEID - Genève, 2008, dactyl., 682 p.

catégories de victimes civiles. Ce qui les distingue réside dans les contextes spécifiques qui caractérisent ces deux catégories de crimes – à savoir, « une attaque généralisée ou systématique contre toute population civile » pour les crimes contre l'humanité et un contexte de conflit armé, ainsi que certaines conditions liées à la nationalité des victimes, pour les crimes de guerre.

Par ailleurs, la distinction entre les crimes contre l'humanité et le génocide n'est pas toujours aisée. Le droit international pénal y voit deux catégories de crimes internationaux distinctes mais il est traditionnellement considéré que le génocide constitue un type spécifique de crime contre l'humanité. En témoigne la jurisprudence pénale internationale selon laquelle : « D'autres codifications du droit international ont également confirmé le caractère de droit coutumier de l'interdiction des crimes contre l'humanité ainsi que de ses deux manifestations les plus infâmes : génocide et *apartheid* » (cf. TPIY, *Le Procureur c/ Dusko Tadic,* IT-94-1, *Jugement,* 7 mai 1997, § 622). La définition du génocide requiert ainsi, outre les conditions traditionnelles de qualification du crime contre l'humanité, un dol spécial – à savoir, « l'intention de détruire en tout ou partie un groupe ciblé comme tel ». De même, l'*apartheid* et, dans certaines conditions définies par le droit international, les disparitions forcées de personnes constituent des formes particulières de crime contre l'humanité, régies par des conventions internationales spécifiques : *Convention pour la prévention et la répression du crime de génocide* (New York, 9 décembre 1948, *RTNU,* vol. 78, p. 277), *Convention sur l'élimination et la répression du crime d'apartheid* (New

York, 30 novembre 1973, *RTNU,* vol. 1015, p. 243) et *Convention internationale pour la protection de toutes les personnes contre les disparitions forcées,* adoptée par l'Assemblée générale le 13 avril 2005 et ouverte à la signature le 20 décembre 2006.

On comprend dès lors que la figure du crime contre l'humanité se révèle particulièrement complexe : elle renvoie tout à la fois à une catégorie désormais autonome de crimes internationaux et à une catégorie générale englobant d'autres crimes internationaux eux-mêmes autonomes comme le génocide, l'*apartheid* ou les disparitions forcées. À cela s'ajoute le fait que le crime contre l'humanité demeure une qualification évolutive, susceptible de recouvrir tout comportement inhumain de nature grave qui s'inscrirait dans le contexte spécifique d'une attaque généralisée ou systématique dirigée contre toute population civile. Il constitue par conséquent une incrimination pénale internationale éminemment évolutive.

I. – Naissance et évolution du crime contre l'humanité : de Nuremberg à Rome

1. **Les origines du crime contre l'humanité.** – À la différence des crimes de guerre, d'abord apparus dans les droits internes, le crime contre l'humanité trouve ses origines en droit international. C'est ainsi à l'article 6 *c*) de la Charte du Tribunal de Nuremberg que l'on en doit la définition juridique initiale.

Pour autant, le *concept* de crime contre l'humanité a émergé en droit international dès le début du XXe siècle.

En témoigne d'abord la clause dite « Martens » insérée dans les Conventions de La Haye de 1899 (II) et de 1907 (IV) relatives aux lois et coutumes de la guerre sur terre. Cette clause prévoyait en effet qu' « (e)n attendant qu'un code plus complet des lois de la guerre puisse être édicté [...] les populations et les belligérants restent sous la sauvegarde et sous l'empire des principes du droit des gens, tels qu'ils résultent des usages établis entre nations civilisées, des lois de l'humanité et des exigences de la conscience publique ». Il convient de préciser que cette clause fondamentale a été reprise dans les instruments cardinaux du droit international humanitaire et que sa valeur coutumière est de longue date incontestée. Plus tard, la déclaration des gouvernements français, britannique et russe du 28 mai 1915 au sujet des massacres d'Arméniens en Turquie qualifiait ceux-ci de « crime de lèse-humanité ». Enfin, le rapport de la Commission chargée d'établir la responsabilité des auteurs de la guerre et de l'exécution des peines prononcées, établi en 1919 par les représentants de plusieurs États et présenté à la Conférence de paix de Paris, se référait également aux « infractions aux [...] lois de l'humanité » (cf. TPIR, *Le Procureur c/ Jean-Paul Akayesu,* ICTR-96-4-T, *Jugement,* 2 septembre 1998, § 565).

Néanmoins, jusqu'à Nuremberg, il n'existait en droit international ni « crime contre l'humanité » en tant qu'infraction pénale, ni responsabilité pénale internationale de l'individu. Ce n'est en effet qu'à l'issue de la Seconde Guerre mondiale que, pour la première fois, étaient reconnus des crimes directement en vertu du droit international, et susceptibles d'engager la responsabilité pénale internationale des individus.

Sur le second aspect, d'abord, le jugement du Tribunal de Nuremberg a affirmé dans une formule demeurée célèbre que « (c)e sont des hommes, et non des entités abstraites [comprendre : "les États"] qui commettent des crimes dont la répression s'impose, comme sanction de droit international » (*Procès des grands criminels de guerre devant le Tribunal militaire international,* Nuremberg, 14 novembre 1945 - 1er octobre 1946, Nuremberg, 1947, p. 234). Était ainsi rompu le lien sacré unissant les individus à leur État national, lequel s'érigeait jusque-là en écran entre le droit international et l'individu. Ce dernier était reconnu comme titulaire d'obligations directement en vertu du droit international, quelles que soient ses fonctions officielles et qu'il ait agi ou non conformément aux lois nationales. Cette date a marqué une véritable révolution de la logique du droit international classique, jusque-là essentiellement fondé sur la figure de l'État souverain.

Sur le premier point, ensuite, la loi n° 10 du Conseil de contrôle allié pour l'Allemagne, promulguée le 20 décembre 1945 pour donner effet à l'Accord de Londres (auquel était annexé le Statut du Tribunal de Nuremberg), a reconnu trois catégories de crimes directement en vertu du droit international : les crimes contre la paix, les crimes de guerre et les crimes contre l'humanité. S'agissant de ces derniers, l'article II *c*) les définit comme : « Atrocités et délits comprenant, sans que cette énumération soit limitative, l'assassinat, l'extermination, l'asservissement, la déportation, l'emprisonnement, la torture, le viol ou tous autres actes inhumains, commis contre la population civile, et les persécutions, pour des motifs d'ordre politique, racial, ou religieux, que lesdits crimes aient constitué ou non une violation de la loi nationale du pays où ils ont été perpétrés. » Il s'agissait là des bases de la définition retenue dans la Charte du Tribunal de Nuremberg à l'article 6 *c*).

Avant d'examiner cette disposition, il convient de se pencher un instant sur les origines de l'insertion du crime contre l'humanité dans la Charte du Tribunal de Nuremberg. En effet, à la différence des crimes de guerre et contre la paix déjà en germe en droit international avant 1945, le crime contre l'humanité a été créé sur mesure pour répondre aux atrocités perpétrées durant la Seconde Guerre mondiale. Il s'est en effet alors révélé nécessaire de fonder juridiquement la répression de crimes extrêmement graves mais qui ne pouvaient être qualifiés de crimes de guerre au sens du droit international humanitaire. La qualification de « crimes de guerre » était soumise à des conditions liées à la nationalité des victimes du crime, ce qui avait pour conséquence d'exclure les crimes commis par les nazis contre la population allemande ou contre celle de pays alliés à l'Allemagne. La nécessité de combler les lacunes du droit international humanitaire ressort explicitement de la jurisprudence du Tribunal pénal international pour l'ex-Yougoslavie selon laquelle :

« La décision d'inclure les crimes contre l'humanité dans le Statut de Nuremberg, et ainsi d'habiliter le Tribunal de Nuremberg à juger ce crime, a résulté de la décision des Alliés de ne pas limiter leur pouvoir de châtiment à ceux qui avaient commis des crimes de guerre dans l'acception traditionnelle mais de couvrir aussi ceux qui avaient commis d'autres infractions graves échappant au domaine des crimes de guerre traditionnels, comme les crimes dont la victime est apatride, a la même nationalité que l'auteur de l'infraction ou celle d'un État allié à celui de l'auteur » (TPIY, *Le Procureur c/ Dusko Tadic,* IT-94-1-T, *Jugement,* 7 mai 1997, § 619).

2. **Consécration du crime contre l'humanité à Nuremberg.** – Ainsi, à l'issue de la Seconde Guerre mondiale, au-delà de la difficulté liée à l'affirmation nouvelle d'une responsabilité pénale internationale de l'individu, s'est ajoutée celle du respect du principe de légalité pénale. Ce principe général, reconnu par l'ensemble des législations pénales nationales, prévoit que nul ne peut être puni pour un crime qui n'existait pas au moment de la commission des faits reprochés. La question se posait donc de déterminer si le Statut et la jurisprudence du Tribunal de Nuremberg respectaient le principe de légalité alors qu'à la différence des crimes de guerre et des crimes contre la paix, le crime contre l'humanité n'était pas connu, en tant que tel, avant 1945, que ce soit en droit international conventionnel ou coutumier. À cela s'ajoutait le fait que le crime contre l'humanité pouvait concerner le traitement par un État de sa propre population sur son territoire même, compétence qui jusque-là se heurtait à la souveraineté étatique et relevait du strict domaine réservé des États. Cela explique tout à la fois la définition restrictive de l'article 6 *c*) de la Charte du Tribunal de Nuremberg et le caractère lapidaire de l'analyse consacrée au crime contre l'humanité par le Tribunal.

Le crime contre l'humanité tel que défini dans la Charte du Tribunal de Nuremberg désignait les actes

« commis contre toutes populations civiles, *avant ou pendant la guerre,* ou bien les persécutions pour des motifs politiques, raciaux ou religieux, lorsque ces actes ou persécutions, qu'ils aient constitué ou non une violation du droit interne du pays où ils ont été perpétrés, ont été commis *à la suite* de tout crime rentrant dans la compétence du Tribunal, *ou en liaison avec* ce crime ». Cette définition exigeait ainsi tout à la fois l'existence d'un conflit armé et un lien entre la commission du crime contre l'humanité et l'un des deux autres crimes prévus par l'article 6 du Statut : les crimes contre la paix (art. 6 *a*) ou les crimes de guerre (art. 6 *b*). Un tel lien avec l'un des autres crimes, quant à eux mieux ancrés en droit international, visait à limiter l'atteinte au principe de légalité pour les poursuites fondées sur le chef de crime contre l'humanité. Pour autant, les critiques adressées au jugement du Tribunal de Nuremberg furent très vives, tant en ce qu'on l'a considéré comme instaurant une « justice des vainqueurs », que parce qu'il méconnaissait le principe fondamental de la légalité pénale. Cela expliquerait pourquoi Henri Donnedieu de Vabres a affirmé à Nuremberg que le crime contre l'humanité, « entré par la petite porte », s'était « *volatilisé* dans le jugement ».

La définition initiale retenue à Nuremberg, et confirmée en 1946 par les résolutions 3 (I) et 95 (I) de l'Assemblée générale de l'Organisation des Nations Unies, a largement évolué en un demi-siècle.

3. **Évolution de la définition jusqu'à l'adoption du Statut de Rome.** – L'après-guerre est marquée par l'adoption de conventions internationales destinées à

prévenir et punir certaines formes spécifiques de crime contre l'humanité : la *Convention pour la prévention et la répression du crime de génocide* (1948), et celle *sur l'élimination et la répression du crime d'apartheid* (1973). Si la première se contente de référence à la protection de l'humanité dans son préambule, la seconde explicite que « l'apartheid est un crime contre l'humanité » (art. 1). Chacune de ces conventions est ainsi considérée définir des formes spécifiques de crime contre l'humanité, mais aucune n'en précise la notion en tant que telle. Par ailleurs, le caractère imprescriptible des crimes contre l'humanité (et des crimes de guerre) a été consacré par deux conventions, l'une onusienne (*Convention sur l'imprescriptibilité des crimes de guerre et des crimes contre l'humanité,* 26 novembre 1968, *RTNU,* vol. 754, p. 73) et l'autre européenne (*Convention européenne sur l'imprescriptibilité des crimes contre l'humanité et des crimes de guerre,* Strasbourg, 25 janvier 1974, STE 82), sans pour autant que leurs rédacteurs ne s'aventurent à préciser les contours du crime contre l'humanité. Ainsi, jamais aucune convention internationale n'a défini, en tant que tel, le crime contre l'humanité.

Par conséquent, sa définition a évolué en droit international coutumier, principalement au gré des différentes étapes d'institutionnalisation de la justice pénale internationale. Il sera donc largement question ici des définitions retenues dans les statuts des juridictions pénales internationales, qui offrent des indices très pertinents pour apprécier le contenu du droit international coutumier en la matière. Il convient néanmoins de préciser que ces définitions ont pour vocation de délimiter la compétence matérielle des juridictions pénales internationales et non de codifier le droit international coutumier. Aussi sera-t-il nécessaire de souligner parfois les divergences entre les définitions retenues par les statuts des juridictions pénales internationales et celle inscrite en droit international coutumier.

Après Nuremberg, le contexte de la guerre froide a mis en sommeil les projets de la Commission du droit international. Celle-ci avait en effet été chargée par l'Assemblée générale des Nations Unies, en 1947, de codifier le droit relatif aux crimes internationaux (Projet de Code des crimes contre la paix et la sécurité de l'humanité) et d'élaborer le statut d'une juridiction pénale internationale. Il a ainsi fallu attendre la fin de la guerre froide et le début des années 1990 pour que soient créés, sur le fondement de résolutions obligatoires du Conseil de sécurité, les tribunaux pénaux internationaux *ad hoc* pour l'ex-Yougoslavie (TPIY, 1993) et le Rwanda (TPIR, 1994). La création de ces tribunaux s'est révélée déterminante dans l'adoption subséquente, à l'issue cette fois d'une conférence interétatique, du Statut de Rome, fondateur de la Cour pénale internationale, pour sa part permanente et à vocation universelle (CPI, 1998).

Tant les statuts que la jurisprudence de ces tribunaux ont largement fait évoluer la définition initiale du crime contre l'humanité, à la fois sous l'angle du contexte de sa commission, de son lien avec un État et des crimes sous-jacents au crime contre l'humanité.

A) *L'évolution du contexte de commission du crime contre l'humanité.* – Initialement liés à un contexte de conflit armé, les crimes contre l'humanité s'en sont progressivement détachés pour finalement être consacrés comme complètement autonomes par le Statut de Rome. La Charte du Tribunal de Nuremberg (art. 6 *c*) exigeait, nous l'avons dit, tout à la fois l'existence d'un conflit armé et que le crime contre l'humanité soit commis en lien avec un crime contre la paix ou un crime de guerre.

Le Statut du TPIY, dont l'élaboration est fortement marquée par le souci de respecter le principe de légalité et d'échapper ainsi aux critiques adressées au Tribunal de Nuremberg, s'inspire fortement de l'article 6 *c*) de sa charte. L'article 5 du Statut du TPIY requiert ainsi, pour caractériser le crime contre l'humanité, que les actes aient « été commis au cours d'un conflit armé, de caractère international ou interne, et dirigés contre une population civile quelle qu'elle soit ». De jurisprudence constante, le TPIY a reconnu que « l'exigence énoncée à l'article 5 du Statut n'est qu'une condition préalable à l'exercice de la compétence, et elle est satisfaite dès lors qu'est prouvée l'existence d'un conflit armé et qu'il est établi qu'il existait un lien objectif du point de vue géographique et temporel entre les actes de l'accusé et le conflit armé » (TPIY, *Le Procureur c/ Dragoljub Kunarac, Radomir Kovac et Zoran Vukovic,* IT-96-23-T et IT-96-23/1-T, *Arrêt,* 12 juin 2002, § 83). Par ailleurs, si l'article 5 du Statut du TPIY ne se réfère pas à une « attaque », la jurisprudence du Tribunal a confirmé ultérieurement cette exigence sur la base du droit international coutumier. De même a-t-elle affirmé que, en exigeant un lien avec un conflit armé, le Conseil de sécurité était resté en deçà du droit international coutumier (TPIY, *Le Procureur c/ Dusko Tadic,* IT-94-1, *Arrêt relatif à l'appel de la défense concernant l'exception préjudicielle d'incompétence,* 2 octobre 1995, § 141).

La définition du crime contre l'humanité retenue par le Statut du TPIR (art. 3) n'exige plus, quant à elle, l'existence d'un conflit armé, mais seulement que les actes aient été « commis dans le cadre d'une attaque généralisée et systématique dirigée contre une population civile quelle qu'elle soit, en raison de son appartenance nationale, politique, ethnique, raciale ou religieuse ». De fait, cette définition est fortement marquée par le contexte rwandais et témoigne d'une avancée en ce qu'elle ne requiert pas l'existence d'un conflit armé, mais également d'une divergence par rapport au droit international coutumier dans la mesure où elle exige une intention discriminatoire générale, non plus limitée aux seuls crimes de persécution (cf. *infra*).

La dernière étape, et la plus remarquable, est celle de l'adoption du Statut de Rome en 1998, instituant la Cour pénale internationale (CPI). À la différence des tribunaux pénaux internationaux *ad hoc,* le Statut de Rome n'est pas la création du Conseil de sécurité des Nations Unies, mais un traité international négocié et ratifié par les États. Il est de ce fait considéré comme exprimant largement le droit international coutumier en la matière[1]. Son article 7 non seulement confirme que l'existence d'un conflit armé n'est pas nécessaire,

1. P. Currat, *Les crimes contre l'humanité dans le Statut de la Cour pénale internationale,* Bruxelles, Bruylant, 2006, p. 35.

mais encore fait des caractéristiques de l'attaque « généralisée *et* systématique », initialement cumulatives, des critères alternatifs : « commis dans le cadre d'une attaque généralisée *ou* systématique lancée contre toute population civile et en connaissance de cette attaque. » Ce faisant, les conditions liées à la nature de l'attaque, moins contraignantes, permettent de caractériser plus facilement le crime contre l'humanité. Le Statut du Tribunal spécial pour la Sierra Leone (art. 2) a confirmé, en 2003, la définition du Statut de Rome sur ce point (« as part of a widespread or systematic attack against any civilian population »).

Ainsi, la première évolution marquante de la définition internationale du crime contre l'humanité découle de sa dissociation progressive par rapport au contexte de guerre, confirmant la tendance amorcée par la *Convention sur l'imprescriptibilité des crimes de guerre et des crimes contre l'humanité* (1968), dont l'article premier prévoit que les crimes contre l'humanité peuvent être « commis en temps de guerre ou en temps de paix ».

B) *Quant au lien entre le crime contre l'humanité et l'État.* – Le lien entre la commission (par des hommes) des crimes internationaux les plus graves et l'appareil d'État avait été souligné par la Commission du droit international dans le cadre du Projet de Code des crimes contre la paix et la sécurité de l'humanité (1996), en ces termes : « [...] les crimes contre la paix et la sécurité de l'humanité supposent souvent l'intervention de personnes occupant des postes d'autorité gouvernementale, qui sont à même d'élaborer des plans ou des politiques impliquant des actes d'une gravité et d'une ampleur exceptionnelles. Ces crimes nécessitent le pouvoir d'employer ou d'autoriser l'emploi d'importants moyens de destruction et de mobiliser des agents pour les perpétrer ». Les raisons de l'apparition du crime contre l'humanité à Nuremberg, de même que l'exigence d'une attaque généralisée ou systématique, ont longtemps fait peser sur l'État une présomption de participation aux crimes contre l'humanité en ce sens que, jusqu'à peu, seuls les États constituaient des structures à même de disposer des moyens financiers, matériels et humains nécessaires à mettre en œuvre une attaque de cette ampleur. En témoigne l'affirmation du TPIY selon laquelle :

« Étant donné les éléments structurels et les capacités organisationnelles et militaires qu'elle requiert, une « attaque contre une population civile « est *le plus souvent* commise sur l'ordre d'un État. Étant le détenteur et l'organisateur du pouvoir sur son territoire, à même de mobiliser et de diriger les autorités militaires et civiles, l'État souverain est, de par sa nature même, en mesure d'organiser et de mener à bien une attaque contre une population civile ; ce sont les États qui peuvent *le plus facilement et le plus efficacement* rassembler les ressources nécessaires à une attaque "généralisée" ou "systématique" contre une population civile » (TPIY, *Le Procureur c/ Fatmir Limaj et al.,* IT-03-66-T, *Jugement,* 30 novembre 2005, § 191).

A contrario, tous les crimes contre l'humanité n'impliquent donc pas *nécessairement* une participation active ou même passive des représentants officiels d'un État. Cette affirmation fait écho à la jurisprudence antérieure du TPIY selon laquelle, « bien qu'une politique doive exister pour commettre ces actes, il n'est pas nécessaire que ce soit la politique d'un État » (TPIY, *Le Procureur c/ Dusko Tadic,* IT-94-1-T, *Jugement,* 7 mai 1997, § 655). Ainsi, les conditions de commission de ces crimes, caractérisés par leur ampleur ou leur caractère systématique, nécessitent *généralement* une organisation – en termes sinon institutionnels, du moins relationnels – et des moyens importants, dont disposent en premier lieu les États. Néanmoins, rien n'empêche théoriquement des individus et groupes d'individus privés de s'organiser afin de perpétrer ce type de crimes en leur propre nom et en dehors de toute complicité étatique.

Cette possibilité ne cesse d'ailleurs de croître à mesure que le développement massif des moyens de communication et de télécommunication à l'échelle mondiale se poursuit. Aujourd'hui, en effet, sous l'impulsion du phénomène de mondialisation, des organisations militaires indépendantes, des groupements terroristes et des entreprises font concurrence en termes d'organisation et de ressources à bien des États. Les *Éléments des crimes,* adoptés par l'Assemblée des États parties au Statut de Rome, et qui ont vocation à aider la Cour à interpréter et appliquer le Statut, rendent d'ailleurs compte de cette évolution. Ils précisent en effet que l'attaque caractérisant ce type de crimes doit être menée « en application ou dans la poursuite de la politique d'un État *ou d'une organisation* ayant pour but une telle attaque », et que ces « actes ne doivent pas nécessairement constituer une attaque militaire » : il suffit que « l'État *ou l'organisation* favorise ou encourage activement une telle attaque contre une population civile ». Encore une fois, bien que la CPI n'ait compétence qu'à l'égard des personnes physiques (art. 25 SR), la commission des crimes contre l'humanité nécessite la participation, directe ou indirecte, d'une entité collective, qu'elle soit publique ou privée.

En ce sens également, il convient de relever que les instruments conventionnels codifiant des crimes susceptibles d'être qualifiés de crimes contre l'humanité prévoient tous que l'auteur principal *peut être* un représentant de l'État. Cela confirme qu'il peut également *ne pas être* un représentant de l'État. Il en est ainsi dans les conventions *Génocide* (art. IV), *Apartheid* (art. III) et *Disparitions forcées* (art. 3).

La deuxième évolution majeure marquant la définition du crime contre l'humanité découle donc d'une distanciation progressive par rapport à la conception initiale qui en faisait un instrument de protection de l'individu contre les abus de son État national : un crime contre l'humanité ne doit plus nécessairement être le fait d'un État ou être commis avec son soutien, même s'il requiert une dimension collective.

C) *Quant aux infractions sous-jacentes au crime contre l'humanité.* – Par « infractions sous-jacentes », il faut entendre ici les crimes qui, dans les conditions contextuelles spécifiques définies par le droit international, peuvent être qualifiés de crimes contre l'humanité. La liste dressée par l'article 6 *c*) de la Charte du Tribunal de Nuremberg distingue deux types de crimes susceptibles de constituer un crime contre l'humanité : d'une part, « l'assassinat, l'extermination, la réduction en esclavage, la déportation, et tout autre acte inhumain commis contre toutes populations civiles, avant ou pendant la guerre » ; d'autre part, « les persécutions pour des motifs politiques, raciaux ou religieux, lorsque ces actes ou persécutions [...] ont été commis à la suite de tout crime rentrant dans la compétence du Tribunal, ou en liaison avec ce crime ». Tandis que les premiers doivent être commis contre toutes populations civiles sans que soit requis un motif discriminatoire, les seconds, fondés sur une discrimination, peuvent *a priori* être commis contre toute personne, donc également les membres des forces armées.

Sur cette base, les définitions du crime contre l'humanité retenues par les statuts des juridictions pénales internationales ont sans cesse élargi les crimes susceptibles de constituer, dans les conditions contextuelles requises, des crimes contre l'humanité. Ainsi, les statuts des TPIY et TPIR énumèrent les mêmes types d'actes constitutifs, à savoir : « *a)* assassinat ; *b)* extermination ; *c)* réduction en esclavage ; *d)* expulsion ; *e)* emprisonnement ; *f)* torture ; *g)* viol ; *h)* persécutions pour des raisons politiques, raciales et religieuses ; *i)* autres actes inhumains ». On constate que les statuts des TPI ajoutent donc à la définition de Nuremberg l'expulsion (à la place de la déportation), l'emprisonnement, la torture et le viol.

Les deux statuts diffèrent cependant sur un point qui peut sembler d'importance – à savoir, le critère discriminatoire. En effet, l'article 3 du Statut du TPIR exige un motif discriminatoire (« dirigée contre une population civile quelle qu'elle soit, en raison de son appartenance nationale, politique, ethnique, raciale ou religieuse ») pour l'ensemble des crimes sous-jacents, contrairement à l'article 5 du Statut du TPIY qui ne prévoit de discrimination qu'en matière de persécution. Il restreint par conséquent la portée de l'incrimination, même s'il ajoute, dans le même temps, les critères de l'appartenance nationale et ethnique aux motifs classiques énumérés par le Statut du TPIY – à savoir, les critères « politique, racial et religieux ».

Prenant en compte les apports de la jurisprudence des TPI, le Statut de Rome élargit et complète les actes décrits par les statuts des TPI. Seuls les crimes d'extermination, de réduction en esclavage et de torture demeurent inchangés dans leur formulation, tandis que l' « assassinat » devient « meurtre » (art. 7-1 *a*).

En ce qui concerne l'élargissement des incriminations, il convient d'indiquer que : la « déportation », devenue « expulsion » dans les statuts des tribunaux pénaux internationaux, laisse place à la « déportation ou transfert forcé de population » (art. 7-1 *d*) ; l' « emprisonnement » s'étend désormais à l' « emprisonnement ou autre forme de privation grave de liberté physique en violation des dispositions fondamentales du droit international » (art. 7-1 *e*) ; les crimes de caractère sexuel ne se limitent plus au « viol » mais englobent également les crimes d' « esclavage sexuel, prostitution forcée, grossesse forcée, stérilisation forcée ou toute autre forme de violence sexuelle de gravité comparable » (art. 7-1 *g*).

S'agissant des persécutions, les évolutions sont à double tranchant. On constate, d'une part, un élargissement des motifs discriminatoires initiaux aux critères ethnique, culturel et sexiste, mais également « en fonction de critères universellement reconnus comme inadmissibles en droit international », ce qui laisse la voie ouverte à d'autres critères non prévus par l'article 7 du Statut, mais susceptibles d'être reconnus à l'avenir par le droit international des droits de l'homme. En revanche, l'exigence selon laquelle le comportement doit être « commis en corrélation avec tout acte visé à l'article 7, § 1 du Statut ou avec tout crime relevant de la compétence de la Cour » semble s'inscrire en recul par rapport aux statuts des TPIY et du droit coutumier qui n'exigent pas un tel lien de connexité[1].

Par ailleurs, à la liste des crimes contre l'humanité sont ajoutés les crimes d'*apartheid* et de disparitions forcées qui accordent le Statut de Rome avec le droit international conventionnel susmentionné.

La définition du crime contre l'humanité en droit international a ainsi largement évolué depuis sa consécration à l'issue de la Seconde Guerre mondiale. Le tableau qui suit permet de visualiser les étapes de la définition internationale du crime contre l'humanité de Nuremberg à Rome.

Il conviendra, dans une seconde partie, d'en examiner les contours actuels en ce début de XXIe siècle.

1. A. Cassese, « Crimes against humanity », *in* A. Cassese, P. Gaeta, P. Jones (eds), *The Rome Statute of the International Criminal Court : A Commentary,* Oxford, Oxford University Press, 2002, p. 376.

Charte du Tribunal de Nuremberg Article 6 c)	*Statut du Tribunal pénal international pour l'ex-Yougoslavie Article 5*	*Statut du Tribunal pénal international pour le Rwanda Article 3*	*Statut de Rome de la Cour pénale internationale Article 7*
« Les crimes contre l'Humanité : c'est-à-dire l'assassinat, l'extermination, la réduction en esclavage, la déportation, et tout autre acte inhumain commis contre toutes populations civiles, avant ou pendant la guerre, ou bien les persécutions pour des motifs politiques, raciaux ou religieux, lorsque ces actes ou persécutions, qu'ils aient constitué ou non une violation du droit interne du pays où ils ont été perpétrés, ont été commis à la suite de tout crime rentrant dans la compétence du Tribunal, ou en liaison avec ce crime. »	« Le Tribunal international est habilité à juger les personnes présumées responsables des crimes suivants lorsqu'ils ont été commis au cours d'un conflit armé, de caractère international ou interne, et dirigés contre une population civile quelle qu'elle soit : *a)* assassinat ; *b)* extermination ; *c)* réduction en esclavage ; *d)* expulsion ; *e)* emprisonnement ; *f)* torture ; *g)* viol ; *h)* persécutions pour des raisons politiques, raciales et religieuses ; *i)* autres actes inhumains. »	« Le Tribunal international pour le Rwanda est habilité à juger les personnes responsables des crimes suivants lorsqu'ils ont été commis dans le cadre d'une attaque généralisée et systématique dirigée contre une population civile quelle qu'elle soit, en raison de son appartenance nationale, politique, ethnique, raciale ou religieuse : *a)* assassinat ; *b)* extermination ; *c)* réduction en esclavage ; *d)* expulsion ; *e)* emprisonnement ; *f)* torture ; *g)* viol ; *h)* persécutions pour des raisons politiques, raciales et religieuses ; *i)* autres actes inhumains. »	« 1. Aux fins du présent Statut, on entend par "crime contre l'humanité" l'un quelconque des actes ci-après lorsqu'il est commis dans le cadre d'une attaque généralisée ou systématique lancée contre toute population civile et en connaissance de cette attaque : *a)* meurtre ; *b)* extermination ; *c)* réduction en esclavage ; *d)* déportation ou transfert forcé de population ; *e)* emprisonnement ou autre forme de privation grave de liberté physique en violation des dispositions fondamentales du droit international ; *f)* torture ; *g)* viol, esclavage sexuel, prostitution forcée, grossesse forcée, stérilisation forcée ou toute autre forme de violence sexuelle de gravité comparable ; *h)* persécution de tout groupe ou de toute collectivité identifiable pour des motifs d'ordre politique, racial, national, ethnique, culturel, religieux ou sexiste au sens du § 3, ou en fonction d'autres critères universellement reconnus comme inadmissibles en droit international, en corrélation avec tout acte visé dans le présent paragraphe ou tout crime relevant de la compétence de la Cour ; *i)* disparitions forcées de personnes ; *j)* crime d'apartheid ; *k)* autres actes inhumains de caractère analogue causant intentionnellement de grandes souffrances ou des atteintes graves à l'intégrité physique ou à la santé physique ou mentale. »

II. – La définition actuelle du crime contre l'humanité

Comme indiqué précédemment, si la définition coutumière du crime contre l'humanité est indépendante de celle qu'en donne le Statut de Rome, cette dernière est considérée refléter globalement les éléments constitutifs de ce crime en droit international, en ce que, notamment, elle intègre les précisions apportées par la jurisprudence des tribunaux pénaux internationaux. Cela même si certains auteurs ont pu à juste titre identifier certaines divergences, selon que la définition de l'article 7 restait en deçà ou allait au-delà de celle reconnue en droit international coutumier[1].

Aux termes de l'article 7 du Statut de Rome, trois conditions sont présentées comme caractérisant le crime contre l'humanité :

1 / il est commis dans le cadre d'une attaque généralisée ou systématique ;
2 / cette attaque est dirigée contre une population civile ;
3 / l'auteur a agi intentionnellement et en connaissance de l'attaque dans laquelle s'inscrit son crime.

Les deux premiers éléments peuvent être envisagés conjointement sous l'angle de l'élément matériel du crime contre l'humanité et le troisième sous l'angle de son élément moral.

1. A. Cassese, *International Criminal Law,* Oxford, Oxford University Press, 2003, p. 91-94.

1. Élément matériel.

A) *Le contexte du crime contre l'humanité : « une attaque généralisée ou systématique dirigée contre toute population civile ».* – L'expression « attaque dirigée contre une population civile quelle qu'elle soit » englobe les quatre sous-éléments suivants :

i) il doit y avoir une attaque ;
ii) les actes de l'auteur doivent s'inscrire dans le cadre de cette attaque ;
iii) l'attaque doit être « dirigée contre une population civile quelle qu'elle soit » ;
iv) l'attaque doit être « généralisée ou systématique ».

En ce qui concerne le premier élément, la jurisprudence des TPI a reconnu qu'en droit international coutumier l'**attaque** doit être distinguée de toute exigence de conflit armé. Elle peut néanmoins précéder un conflit armé, se poursuivre après qu'il a cessé ou continuer pendant celui-ci, sans nécessairement en faire partie (*Arrêt Tadic,* § 251). Par ailleurs, dans le contexte des crimes contre l'humanité, l'attaque ne se limite pas au recours à la force armée et comprend également tous mauvais traitements infligés à la population civile (*Arrêt Kunarac, op. cit.,* § 86). Par ailleurs, il n'est pas nécessaire que soient établis un plan ou une politique globale comme éléments constitutifs des crimes contre l'humanité, même si de tels éléments facilitent la preuve de l'attaque (*Arrêt Blaskic, op. cit.,* § 120).

D'autre part, les crimes sous-jacents commis par l'accusé doivent avoir été perpétrés **« dans le cadre de**

cette attaque » – autrement dit, ces actes doivent faire partie intégrante de l'attaque. Ce lien de connexité entre les actes prohibés et l'attaque exclut en principe les actes isolés commis à titre individuel. Néanmoins, un lien seulement indirect est admis : pour être considérés comme s'inscrivant dans l'attaque, les actes ne doivent pas nécessairement être décisifs pour l'attaque ou se produire géographiquement au cœur de celle-ci.

L'attaque doit enfin être **dirigée contre toute population civile.** Selon la jurisprudence du TPIY, l' « emploi du terme **"population"** ne signifie pas que toute la population de l'entité géographique dans laquelle s'est déroulée l'attaque doit y avoir été soumise. Il suffit de démontrer qu'un nombre suffisant d'individus a été pris pour cible au cours de l'attaque, ou qu'ils l'ont été d'une manière telle que la Chambre soit convaincue que l'attaque était effectivement dirigée contre une "population civile", plutôt que contre un nombre limité d'individus choisis au hasard » (*Arrêt Kunarac, op. cit.,* § 90). En outre, il faut entendre la formulation « dirigée contre » comme signifiant qu'une population civile, quelle qu'elle soit, doit être la **cible principale** de cette attaque (TPIY, *Le Procureur c/ Tihomir Blaskic,* IT-95-17-S, *Arrêt,* 29 juillet 2004, § 103).

En ce qui concerne le caractère civil de la population ciblée, il convient de se référer au droit international humanitaire. La jurisprudence des TPI, sur le fondement de l'article 50 du Protocole additionnel I aux Conventions de Genève, a défini la **population civile** par la négative. Ainsi, sont exclus de la qualité de « personnes civiles » les membres des forces armées et les membres des milices et des corps de volontaires faisant partie des forces armées. En revanche, il est entendu que l'exigence du caractère civil de la population n'implique pas qu'elle soit *exclusivement* constituée de civils : il peut y avoir parmi la population civile des membres des forces armées en permission, des résistants, d'anciens combattants ayant déposé les armes, voire des personnes prenant part aux hostilités (TPIY, *Le Procureur c/ Kupreskic et consorts,* IT-95-16, *Jugement,* 14 janvier 2000, § 547). Ainsi, le caractère civil de la population s'apprécie globalement et ce qui importe est que la population visée soit constituée *essentiellement* de personnes civiles. Par ailleurs, il importe de relever qu'en cas de doute, afin d'accroître la protection des populations civiles contre les actes inhumains, le droit international coutumier admet une présomption d'appartenance à la population civile (TPIY, *Le Procureur c/ Dragoljub Kunarac, Radomir Kovac et Zoran Vukovic,* IT-96-23-T et IT-96-23/1-T, *Jugement,* 22 février 2001, § 435).

L'attaque doit enfin être **généralisée ou systématique.** Ces caractéristiques portent sur l'attaque et non sur les actes incriminés : le comportement de l'accusé, pour peu que toutes les autres conditions soient remplies, peut recevoir la qualification de « crime contre l'humanité » alors même qu'il serait constitué d'un seul acte ou d'un nombre relativement limité d'actes (*Arrêt Blaskic, op. cit.,* § 101). Le caractère « généralisé » de l'attaque renvoie au fait que celle-ci a été menée sur une grande échelle et au nombre de victimes qu'elle a engendrées (*Arrêt Blaskic, op. cit.,* § 101). L'adjectif « systématique » fait, quant à lui, référence au caractère organisé des actes de violence et à l'improbabilité de leur caractère fortuit. Pour reprendre les termes du TPIY, « c'est au scénario des crimes – c'est-à-dire à la répétition délibérée et régulière de comportements criminels similaires – que l'on reconnaît leur caractère systématique » (*Arrêt Kunarac, op. cit.,* § 94).

B) *Les actes constitutifs de crimes contre l'humanité.*– La liste des comportements susceptibles de constituer des crimes contre l'humanité s'est considérablement élargie depuis la définition de l'article 6 *c)* de la Charte du Tribunal de Nuremberg. Aux termes de l'article 7 du Statut de Rome, les infractions sous-jacentes au crime contre l'humanité sont les suivantes :

a) le **meurtre,** c'est-à-dire l'homicide intentionnel, qu'il soit prémédité ou non ;
b) l'**extermination,** définie comme « notamment le fait d'imposer intentionnellement des conditions de vie, telles que la privation d'accès à la nourriture et aux médicaments, calculées pour entraîner la destruction d'une partie de la population » (art. 7-2 *b*) ;
c) la **réduction en esclavage** – à savoir, le « fait d'exercer sur une personne l'un quelconque ou l'ensemble des pouvoirs liés au droit de propriété, y compris dans le cadre de la traite des êtres humains, en particulier des femmes et des enfants » (art. 7-2 *c*). Les *Éléments des crimes* précisent les formes que peut prendre ce crime, « par exemple en achetant, vendant, prêtant ou troquant ladite ou lesdites personnes, ou en leur imposant une privation de liberté similaire » ;

d) la **déportation** ou le **transfert forcé de population** constitué par « le fait de déplacer de force des personnes, en les expulsant ou par d'autres moyens coercitifs, de la région où elles se trouvent légalement, sans motifs admis en droit international » (art. 7-2 *d*) ;

e) **l'emprisonnement ou toute autre forme de privation grave de liberté physique en violation des dispositions fondamentales du droit international ;**

f) la **torture,** définie comme « le fait d'infliger intentionnellement une douleur ou des souffrances aiguës, physiques ou mentales, à une personne se trouvant sous sa garde ou sous son contrôle ; l'acception de ce terme ne s'étend pas à la douleur ou aux souffrances résultant uniquement de sanctions légales, inhérentes à ces sanctions ou occasionnées par elles » (art. 7-2 *e*) ;

g) les crimes de nature sexuelle : en la matière, le Statut de Rome se fonde très largement sur les évolutions fondamentales entérinées par la jurisprudence des tribunaux pénaux internationaux qui a élargi la définition du viol en droit international (TPIY, *Le Procureur c/ Zejnil Delalic et al.* (affaire « Celebici »), IT-96-21-T, *Jugement,* 16 novembre 1998 ; *Le Procureur c/ Anto Furundzija,* IT-95-17/1-T, *Jugement,* 10 décembre 1998 ; et *Le Procureur c/ Dragoljub Kunarac* et al., IT-96-23-T et IT-96-23/1-T, *Jugement,* 22 février 2001), et il incrimine d'autres crimes de caractère sexuel.

Les *Éléments des crimes* définissent le **viol** (art. 7-1) *g)*-1) sur la base de cette évolution jurisprudentielle et précisent que l'auteur « a pris possession du corps d'une personne de telle manière qu'il y a eu pénétration, même superficielle, d'une partie du corps de la victime ou de l'auteur par un organe sexuel, ou de l'anus ou du vagin de la victime par un objet ou toute partie du corps » (§ 1). Ils indiquent également que « l'acte a été commis par la force ou en usant à l'encontre de ladite ou desdites ou de tierces personnes de la menace de la force ou de la coercition, telle que celle causée par la menace de violences, contrainte, détention, pressions psychologiques, abus de pouvoir, ou bien à la faveur d'un environnement coercitif, ou encore en profitant de l'incapacité de ladite personne de donner son libre consentement » (§ 2).

L'**esclavage sexuel** (art. 7-1) *g)*-2) est défini, quant à lui, comme l'exercice de « l'un quelconque ou l'ensemble des pouvoirs associés au droit de propriété sur une ou plusieurs personnes [...] » associé au fait pour l'auteur de contraindre « ladite ou lesdites personnes à accomplir un acte ou plusieurs actes de nature sexuelle ».

La **prostitution forcée** (art. 7-1) *g)*-3) se caractérise par deux éléments : d'abord, le fait que « l'auteur a amené une ou plusieurs personnes à accomplir un ou plusieurs actes de nature sexuelle par la force ou en usant à l'encontre de ladite ou desdites ou de tierces personnes de la menace de la force ou de la coercition, telle que celle causée par la menace de violences, contrainte, détention, pressions psychologiques, abus de pouvoir, ou bien à la faveur d'un environnement coercitif, ou encore en profitant de l'incapacité desdites personnes de donner leur libre consentement » ; ensuite, il est nécessaire que l'auteur ou une autre personne ait « obtenu ou espérait obtenir un avantage pécuniaire ou autre en échange des actes de nature sexuelle ou en relation avec ceux-ci ».

Parmi les crimes de nature sexuelle de l'article 7 *g),* la **grossesse forcée** est le seul que prend soin de définir directement et précisément le Statut de Rome. Cette singularité semble conforter l'affirmation du Pr Cassese selon laquelle, en retenant cette incrimination, les rédacteurs du Statut de Rome sont allés au-delà du droit international coutumier et ont donné compétence à la CPI pour un crime nouveau en droit international[1]. Aux termes du Statut de Rome, donc, le crime de grossesse forcée s'entend de « la détention illégale d'une femme mise enceinte de force, dans l'intention de modifier la composition ethnique d'une population ou de commettre d'autres violations graves du droit international » (art. 7-2 *f)*).

La **stérilisation forcée,** quant à elle, est définie par les *Éléments des crimes* comme impliquant la privation d' « une ou plusieurs personnes de la capacité biologique de se reproduire » dans la mesure où de tels actes « n'étaient ni justifiés par un traitement médical ou hospitalier des personnes concernées ni effectués avec leur libre consentement », y compris par la tromperie.

Enfin, le paragraphe consacré aux crimes de nature sexuelle s'achève sur l'incrimination de **« toute**

1. A. Cassese, *International Criminal Law, op. cit.,* p. 94.

autre forme de violence sexuelle de gravité comparable », qui laisse ouverte la liste de ce type de crimes à des comportements non prévus, à la condition qu'ils atteignent le seuil de gravité des crimes énumérés. Les *Éléments des crimes* prennent néanmoins soin de contenir tout élargissement abusif par les juges et encadrent leur pouvoir d'appréciation par la définition qu'ils en donnent : « L'auteur a commis un acte de nature sexuelle sur une ou plusieurs personnes ou a contraint ladite ou lesdites personnes à accomplir un tel acte par la force ou en usant à l'encontre de ladite ou desdites ou de tierces personnes de la menace de la force ou de la coercition, telle que celle causée par la menace de violences, contrainte, détention, pressions psychologiques, abus de pouvoir, ou bien à la faveur d'un environnement coercitif, ou encore en profitant de l'incapacité desdites personnes de donner leur libre consentement. »

Pour l'ensemble de ces crimes, on note ainsi deux éléments communs : le caractère sexuel des actes incriminés et l'élément de contrainte, traduit par l'absence de consentement de la victime.

h) **La persécution de tout groupe ou de toute collectivité identifiable pour des motifs d'ordre politique, racial, national, ethnique, culturel, religieux ou sexiste au sens du § 3, ou en fonction d'autres critères universellement reconnus comme inadmissibles en droit international, en corrélation avec tout acte visé dans le présent paragraphe ou tout crime relevant de la compétence de la Cour.** Selon l'article 7, § 2, par « persécution » « on entend le déni intentionnel et grave de droits fondamentaux en violation du droit international, pour des motifs liés à l'identité du groupe ou de la collectivité qui en fait l'objet ». Le crime de persécution se distingue des autres infractions sous-jacentes au crime contre l'humanité en ce qu'il requiert un élément discriminatoire que nous envisagerons dans le cadre de l'élément psychologique.

i) **Les disparitions forcées de personnes** qui correspondent aux « cas où des personnes sont arrêtées, détenues ou enlevées par un État ou une organisation politique ou avec l'autorisation, l'appui ou l'assentiment de cet État ou de cette organisation, qui refuse ensuite d'admettre que ces personnes sont privées de liberté ou de révéler le sort qui leur est réservé ou l'endroit où elles se trouvent, dans l'intention de les soustraire à la protection de la loi pendant une période prolongée » (art. 7-2 *i*).

j) Faisant écho à l'article premier de la Convention précitée de 1973, l'article 7 du Statut de Rome confirme que le **crime d'apartheid** constitue un crime contre l'humanité. Il le définit plus succinctement que ladite convention (art. II) comme constitué par des « actes inhumains analogues à ceux que vise le § 1, commis dans le cadre d'un régime institutionnalisé d'oppression systématique et de domination d'un groupe racial sur tout autre groupe racial ou tous autres groupes raciaux et dans l'intention de maintenir ce régime » (art. 7-2 *h*).

k) **Autres actes inhumains** [...]. Dans la continuité des définitions précédentes, la liste des crimes susceptibles de constituer des crimes contre l'humanité n'est ainsi pas présentée comme limitative. En revanche, les contours des évolutions possibles sont précisés dans la mesure où les « autres actes inhumains » sont définis plus précisément qu'auparavant, comme devant être **« de caractère analogue causant intentionnellement de grandes souffrances ou des atteintes graves à l'intégrité physique ou à la santé physique ou mentale ».**

Après examen de l'élément matériel du crime contre l'humanité, il convient d'envisager le second élément indispensable à sa qualification – à savoir, l'élément psychologique.

2. **Élément psychologique : actes commis avec intention et connaissance du contexte plus large de l'attaque.** – L'article 30 du Statut de Rome, conformément à un principe général du droit pénal, prévoit : « Sauf disposition contraire, nul n'est pénalement responsable et ne peut être puni à raison d'un crime relevant de la compétence de la Cour que si l'élément matériel du crime est commis avec intention et connaissance » (§ 1). L'élément psychologique requiert ainsi deux éléments cumulatifs. L'*intention* est caractérisée lorsqu'une personne « entend adopter un comportement », ou « entend causer cette conséquence ou est consciente que celle-ci adviendra dans le cours normal des événements » (§ 2). La *connaissance* se définit, quant à elle, « lorsqu'une personne est consciente qu'une circonstance existe ou qu'une conséquence adviendra dans le cours normal des événements » (§ 3). Cet élément psychologique est requis pour tout crime

relevant de la compétence de la Cour pénale. En ce qui concerne le crime contre l'humanité, il est ainsi d'abord nécessaire d'établir que l'accusé était animé de **l'intention de commettre l'infraction sous-jacente** (meurtre, torture, viol, etc.) qui lui est reprochée.

Cependant, il ne suffit pas de prouver l'intention de commettre l'infraction sous-jacente, encore faut-il que l'auteur ait eu **connaissance que son acte s'inscrivait dans le cadre d'une attaque généralisée ou systématique.** Les contours de cette exigence ont été dessinés progressivement par la jurisprudence des tribunaux pénaux internationaux. Ces derniers ont ainsi reconnu qu'il était nécessaire de prouver que l'accusé savait que la population civile faisait l'objet d'une attaque et que ses actes s'inscrivaient dans le cadre de cette attaque (*Arrêt Tadic, op. cit.,* § 248) ; ou, tout au moins, qu'il avait eu conscience du risque que son acte participe à l'attaque et accepté ce risque (*Jugement Blaskic, op. cit.,* § 251).

En pratique, l'auteur doit avoir eu connaissance de l'attaque et savoir que son acte participait à cette attaque, mais il n'est pas nécessaire qu'il partage le but ou l'objectif de l'attaque ou approuve cette attaque elle-même. Par ailleurs, les mobiles qui l'ont poussé à participer à l'attaque importent peu, de même qu'il peut avoir agi pour des raisons purement personnelles ou ne pas avoir visé la population civile en tant que telle mais seulement sa victime, pour peu que l'accusé ait su que ses actes s'inscrivaient dans une telle attaque (*Arrêt Kunarac, op. cit.,* § 103).

Cette jurisprudence a été confirmée par les *Éléments des crimes* qui retiennent, comme dernier élément nécessaire pour caractériser le crime contre l'humanité : « L'auteur savait que ce comportement faisait partie d'une attaque généralisée ou systématique dirigée contre une population civile ou entendait qu'il en fasse partie. » Les *Éléments des crimes* précisent utilement qu'il n'est pas nécessaire « qu'il soit prouvé que l'auteur avait connaissance de toutes les caractéristiques de l'attaque ou des détails précis du plan ou de la politique de l'État ou de l'organisation. Dans le cas où une attaque généralisée ou systématique contre une population civile est dans sa phase initiale, l'intention visée dans le dernier élément indique que l'élément psychologique est présent dès lors que l'auteur avait l'intention de mener une telle attaque ».

Ce qui vaut pour l'ensemble des crimes contre l'humanité présente une difficulté accrue s'agissant des **persécutions.** En effet, le crime de persécution requiert la preuve d'un **dol spécial** en ce qu'elle nécessite une intention discriminatoire. Cette intention spécifique à la persécution correspond à « l'intention spéciale d'atteindre une personne humaine en tant qu'appartenant à telle communauté ou à tel groupe » (*Arrêt Blaskic, op. cit.,* § 165). Ainsi le TPIY a-t-il eu l'occasion de préciser que, pour établir l'élément moral des actes de persécution, il est nécessaire de prouver que l'auteur était animé d' « une intention spécifique de discriminer sur la base de motifs politiques, raciaux ou religieux » (TPIY, *Le Procureur c/ Milorad Krnojelac,* IT-97-25-A, *Arrêt,* 17 septembre 2003, § 184). Désormais, cette intention spéciale peut également être fondée sur des motifs à caractère national, ethnique, culturel ou sexiste, ou en fonction d'autres critères universellement reconnus comme inadmissibles en droit international.

La difficulté de prouver l'intention de commettre et la connaissance du fait que l'acte s'inscrit dans une attaque généralisée ou systématique implique une appréciation au cas par cas par les juridictions internationales qui se refusent à dresser une liste des éléments qui, s'ils étaient avérés, établiraient que l'accusé avait la connaissance requise (*Arrêt Blaskic, op. cit.*, § 126).

Enfin, la qualification de « crime contre l'humanité » emporte, en vertu du droit international, certaines conséquences juridiques spécifiques.

Ainsi, la pratique des organes des Nations Unies semble aller dans le sens de **l'interdiction des mesures d'amnistie** pour les crimes contre l'humanité. En témoigne, notamment, le *Rapport du Secrétaire général sur l'établissement d'un Tribunal spécial pour la Sierra Leone* : « Tout en reconnaissant que l'amnistie est une notion juridique acceptée et représente un geste de paix et de réconciliation à la fin d'une guerre civile ou d'un conflit armé interne, l'Organisation des Nations Unies a toujours affirmé qu'elle ne pouvait être accordée en ce qui concerne les crimes internationaux, comme le génocide, les crimes contre l'humanité ou autres violations graves du droit international humanitaire » (S/2000/915, 4 octobre 2000, p. 5, § 22).

D'autre part, nous l'avons vu, ils sont reconnus en vertu du droit international conventionnel et coutumier comme **imprescriptibles** (art. 29 SR).

En outre, ils font l'objet d'une **limitation des immunités internationales** qui ont à l'origine pour vocation à protéger les hauts représentants de l'État à l'étranger. Ainsi, il est désormais acquis que les immunités, même des dirigeants en exercice, sont sans effet devant les juridictions pénales internationales (art. 27 SR), et que les dirigeants ayant quitté leurs fonctions peuvent être jugés devant une juridiction interne étrangère pour les actes commis avant et après leurs fonctions et pour les actes accomplis pendant leurs fonctions à titre privé.

Enfin, ce crime se caractérise par la **dualité des niveaux de jugement possibles,** en ce sens qu'il relève de la compétence concurrente des juridictions pénales internationales et internes.

Aux termes du Statut de Rome (Préambule et art. 1), la CPI n'est que complémentaire des juridictions pénales internes qui conservent un rôle premier dans le jugement des crimes du SR. Les États directement concernés par ces crimes ont donc priorité pour en juger sur le fondement des titres traditionnels de compétence pénale (compétence territoriale, personnelle ou réelle). Néanmoins, pour revendiquer cette priorité par rapport à la CPI, l'État qui prétend exercer sa compétence doit témoigner non seulement de sa capacité à juger (compétence des tribunaux et incriminations en droit pénal interne), mais également de sa volonté réelle de le faire (art. 17 SR).

À titre d'exemple, le gouvernement soudanais, suite aux mandats d'arrêt émis par la CPI contre trois de ses dirigeants, dont le président en exercice Omar Al-Bashir (mandat d'arrêt délivré le 4 mars 2009 notamment pour les chefs de meurtre, extermination, transfert forcé, torture et viol constitutifs de crimes contre l'humanité), a créé des juridictions spéciales pour juger les crimes contre l'humanité et crimes de guerre commis au Darfour. Alors même que le Soudan n'est pas partie au Statut de Rome et que la CPI agit dans cette affaire parce qu'elle a été saisie par le Conseil de sécurité de l'ONU, l'État soudanais comptait ainsi arguer de la compétence seulement complémentaire de la CPI pour juger lui-même ses dirigeants. Or il n'est pas certain que, pour ce type de crimes, les juridictions nationales disposent toujours de l'indépendance et l'impartialité nécessaires pour juger les dirigeants de l'État qui ont orchestré les crimes contre l'humanité contre leur propre population.

En revanche, tout État, même s'il n'a aucun lien avec ledit crime, a le droit d'en juger l'auteur présumé quels que soient sa nationalité, celle de ses victimes ou le lieu de commission du crime, pour peu qu'il se trouve sur son territoire. En effet, le droit international coutumier reconnaît, en matière de crime contre l'humanité, un principe dit de **compétence universelle subsidiaire et facultative** à tous les États (voir A. Cassese, M. Delmas-Marty (dir.), *Juridictions nationales et crimes internationaux,* Paris, PUF, 2002, 673 p.).

C'est dire à la fois l'importance et la complexité de la réception en droit interne de la définition internationale du crime contre l'humanité.

Chapitre II

LA RÉCEPTION DES CRIMES CONTRE L'HUMANITÉ EN DROIT INTERNE

Emanuela Fronza

I. – Une référence mondiale commune

1. **L'incrimination des crimes contre l'humanité : du droit international au droit national.** – La notion de crime contre l'humanité se trouve aujourd'hui en pleine mutation du fait de la confrontation des normes pénales à des tragédies humanitaires (celles abordées non seulement par les deux tribunaux *ad hoc* pour l'ex-Yougoslavie et pour le Rwanda, mais aussi par la Cour pénale internationale), d'une part, et au mouvement de judiciarisation du traitement de leur propre histoire par certains États, d'autre part.

Un tel développement était impensable il y a encore quelques années.

A) *Une création internationale.* – La consécration du crime contre l'humanité par une norme de droit positif a suivi un cheminement inverse à celui emprunté, par exemple, par certaines infractions relevant du droit pénal des affaires (telles que la corruption ou le blanchiment de capitaux)[1]. Dans ce dernier cas, ce sont les droits nationaux qui sont à l'origine de la création de l'incrimination, reprise ensuite par le droit international[2].

Pour les crimes contre l'humanité, au contraire, c'est la norme internationale qui a consacré, la première, l'infraction par le biais de conventions des Nations Unies portant spécifiquement sur les crimes eux-mêmes, leur imprescriptibilité ou les critères de compétence (cf. chap. I).

Depuis cette consécration, les crimes contre l'humanité ont fait l'objet, dans un premier temps, de codifications nationales. Celles-ci se sont enrichies de l'œuvre jurisprudentielle des tribunaux nationaux qui a contribué à clarifier les éléments constitutifs des infractions. Depuis quelques années seulement, second temps du processus en cours, une nouvelle vague s'est engagée avec la jurisprudence des deux tribunaux pénaux internationaux *ad hoc* pour l'ex-Yougoslavie et pour le Rwanda, laquelle jurisprudence a contribué au développement de la notion sur la base d'influences croisées entre ces deux ensembles normatifs. Les effets de la jurisprudence des tribunaux *ad hoc* ne se limitent pas à l'influence qu'ils ont exercée sur la rédaction de l'article 7 du Statut de la Cour pénale internationale (CPI) et qu'ils exercent, à présent, sur l'activité de

1. Voir J. Tricot, « La corruption internationale », *Revue de science criminelle et de droit pénal comparé,* n° 4, 2005.

2. Voir à ce propos les contributions contenues dans la première partie du volume : M. Delmas-Marty (dir.), *Vers des principes directeurs internationaux de droit pénal. Le processus d'internationalisation,* vol. VII, Paris, MSH, 2001.

la CPI. En effet, au fil des ratifications du Statut de Rome, de nombreux États ont intégré ces incriminations dans leurs droits nationaux. Le Code de droit pénal international allemand témoigne parfaitement de cette influence décisive *(Völkerstrafgesetzbuch)* (voir *Gesetz zur Einführung des Völkerstrafgesetzbuches vom 26.06.2002,* BGBl.I, 2002, 2254).

C'est donc un mouvement circulaire qui se dessine, évoluant, d'une part, du droit international vers le droit national, à travers la diversité des formes de réception de la norme conventionnelle et des règles coutumières, et, d'autre part, du droit international et du droit interne vers un droit pénal commun qui se construit pas à pas au travers de l'activité des juges internationaux et nationaux qui mettent en communication les normes internes et internationales.

B) *Une création universalisable.* – Autour du concept des crimes contre l'humanité, d'ailleurs très ancien même si le *nomen juris* ne remonte qu'aux procès de Nuremberg, il semble possible d'identifier un noyau conceptuel commun, qui n'est pas globalement remis en cause par les États, en dépit des différences notables qui existent entre les définitions nationales du crime.

En effet, l'examen des diverses normes nationales enseigne qu'en dépit de différences en ce qui concerne la structure, la source (Code pénal ou loi spéciale), l'intérêt protégé et les éléments constitutifs de l'infraction, on ne relève aucune contradiction idéologique ou culturelle majeure quant à la racine et au sens de l'infraction. L'analyse comparée révèle que l'attaque massive ou systématique à l'encontre de la population civile constitue le plus petit dénominateur commun – conceptuel et juridique – de l'infraction autour duquel se construisent les diverses incriminations construites sur le plan national. Ainsi en est-il de la plupart des pays (en Europe, par exemple, c'est le cas de la France, de l'Espagne ou du Portugal). À cet égard, l'Équateur offre un exemple singulier : un projet de loi sur les infractions contre l'humanité (Commission de la Femme du Congrès national de l'Équateur, Fondation régionale de Conseil en droits de l'homme, INREDH, 2002, http://www.cajpe.org.pe/RIJ/bases/dpi/ecuador.pdf) précise que certains crimes contre l'humanité seront punissables « si ce délit est commis sans faire partie d'une politique ou d'une attaque généralisée et systématique contre une population civile ».

D'autres États exigent, en outre, la preuve de la connaissance de l'attaque de la part de l'auteur du crime (Canada, Australie, Afrique du Sud, Malte, Bosnie, Costa Rica). Toutefois, la plupart des États ne reproduisent pas la formule « en connaissance de cette attaque », inscrite à l'article 7, § 1er du Statut de la CPI ; cela s'explique probablement par le fait qu'elle est implicitement comprise par les principes généraux du dol.

Ces brèves considérations suffisent déjà, à elles seules, à montrer combien la « nationalisation » des infractions peut être porteuse de différences. Si donc, de manière générale, il est permis d'affirmer que le noyau dur *(infraction théorique)* reste inchangé, il faut également convenir que la définition des comportements et/ou la détermination de la sanction ou des règles de procédure *(mise en œuvre de la répression)* modifient la formulation juridique internationale des crimes contre l'humanité, faisant de cette dernière une notion à géographie variable.

2. **La définition actuelle des crimes contre l'humanité : la référence au Statut de la Cour pénale internationale.**

A) *Le Statut de la Cour pénale internationale, point d'ancrage de l'incrimination.* – L'article 7 du Statut de Rome (ci-après SR) (cf. chap. I) constitue tout à la fois la définition la plus récente et une étape significative pour l'évolution des crimes contre l'humanité.

Malgré la multitude des normes internationales relatives aux crimes contre l'humanité, c'est la définition fournie par le Statut de Rome qui tiendra lieu de référence pour l'analyse des dispositifs internes. C'est vers elle que l'on se tournera pour apprécier, par exemple, l'étendue de l'incrimination, les comportements punissables, le degré de précision de ces derniers et, de manière générale, les hypothèses de mise à l'écart du droit international de la part des législateurs nationaux en faveur d'une nationalisation de l'incrimination.

Cependant, l'article 7 du Statut de la CPI est postérieur à bien des législations. Ce n'est donc pas son antériorité qui en fait un modèle. Il peut, en revanche, tenir lieu de « synthèse universelle » qui, d'une part, comprend les nouvelles formes de crimes contre l'humanité (notamment tout ce qui concerne les crimes sexuels) et, d'autre part, codifie l'évolution du droit, coutumier et conventionnel, en la matière.

Il faut souligner que les crimes contre l'humanité sont présents dans de nombreux ordres juridiques nationaux et que la réception interne est le résultat d'un jeu d'interactions – et parfois de résistances à l'effet harmonisateur du Statut – entre les *inputs* provenant du droit international et le droit interne de chaque pays[1].

La majorité des États ont donc introduit les crimes contre l'humanité dans leur droit interne en répondant à un *input* provenant du droit international, conventionnel ou coutumier.

Certains pays indiquent clairement cette « interaction descendante » avec le droit international : le Royaume-Uni, par exemple, prévoit que « "crime contre l'humanité" signifie assassinat, réduction en esclavage, déportation, emprisonnement, torture, violence sexuelle, persécution ou tout autre acte inhumain ou omission commis à l'encontre de toute population civile ou autre groupe qui puisse être identifié et qui [...] constitue un crime contre l'humanité conformément au droit international coutumier ou au droit international conventionnel [...] » (art. 1, n° 4 du *Crimes against Humanity and War Crimes Act* du 27 juillet 2000).

Le Code pénal du Costa Rica comprend une disposition similaire : l'article 379 intitulé « Crimes contre

1. E. Fronza, E. Malarino, « L'effet harmonisateur du Statut de la Cour pénale internationale », *in* M. Delmas-Marty, M. Pieth, U. Sieber (dir.), *Les chemins de l'harmonisation pénale / Harmonising Criminal Law,* Paris, Société de législation comparée, 2008, p. 65-81.

l'humanité » dispose que « sera puni de dix à vingt-cinq années de prison quiconque aura commis ou ordonné de commettre, en tant que partie d'une attaque généralisée ou systématique contre une population civile et en connaissance de cette attaque, des actes qui peuvent être qualifiés de crimes de lèse-humanité, conformément aux dispositions des traités internationaux relatifs à la protection des droits de l'homme auxquels le Costa Rica est partie et du Statut de Rome ».

Sans prétendre à l'exhaustivité, on peut rappeler que les crimes contre l'humanité sont prévus dans les codes pénaux espagnol (art. 607 *bis*), français (art. 211-1 et 211-2 ainsi que 213-1, qui régit les sanctions accessoires, et 213-3, qui prévoit la responsabilité des personnes morales punissables de peines d'interdiction et patrimoniales), colombien (art. 161 et s.), costaricien (art. 379, introduit par la loi du 25 avril 2002), panaméen (loi n° 14 du 18 mai 2007, qui adopte le Code pénal, titre XV, notamment art. 432 et 433), maltais (art. 54C, introduit par l'*Act* XXIV-2002) et enfin bosniaque (art. 172 du Code pénal introduit en 2003).

Certains États ont choisi de placer les crimes contre l'humanité dans une loi spéciale : c'est le cas du Royaume-Uni avec le *Crimes against Humanity and War Crimes Act 2000* du 27 juillet 2000, de l'Uruguay avec la loi 18.026 du 13 septembre 2006, du Canada avec le *Crimes against Humanity and War Crimes Act* du 29 juin 2000 (art. 7), et de l'Australie avec l'*Act 42/2002, ICC Consequential Amendments Bill 2002,* 26 juin 2002, Subdivision C.

Enfin, d'autres pays ont introduit les crimes contre l'humanité par le biais de la loi de ratification du Statut de la CPI. Ainsi en est-il du Portugal, du Brésil, de la Bolivie, du Honduras, du Paraguay ou encore de l'Afrique du Sud.

B) *Le Statut, point de repère des processus d'incrimination.* – Quant au moment de l'introduction de ces crimes, on observe plusieurs vagues de réception. Certains pays les ont introduits en droit interne à la suite du mouvement de reconnaissance et de codification des droits de l'homme enclenché avec la fin de la Seconde Guerre mondiale. Cette première vague a été suivie, plus tardivement, d'une deuxième à la faveur de la ratification des conventions portant sur certains crimes spécifiques (comme la Convention contre la torture, la discrimination raciale, la disparition forcée, etc.) ou celles relatives aux principes généraux régissant la matière telle que l'imprescriptibilité (Convention sur l'imprescriptibilité des crimes de guerre et de crimes contre l'humanité adoptée par l'Assemblée générale avec la Résolution 2391 (XXIII) le 26 de novembre 1968 et entrée en vigueur le 11 novembre 1970, conformément à l'art. VIII). Il importe donc de garder à l'esprit l'absence de convention spécifique consacrée aux crimes contre l'humanité en général.

Néanmoins, dans la majorité des pays, la formalisation de ces infractions coïncide, sur le plan chronologique, avec la mise en œuvre du Statut de Rome. La création de la Cour pénale internationale est donc à l'origine d'une troisième vague.

Il faut mentionner, en premier lieu, les pays qui ont introduit ces incriminations après la ratification du Statut de la Cour pour adapter leur propre législation aux nouveaux standards normatifs fixés par ce texte. Il faut se souvenir que le Statut ne comporte pas d'obligation d'adaptation ayant pour objet la poursuite par les instances de l'État partie et n'oblige pas ce dernier à modifier son droit interne afin que ses juridictions soient en mesure de conduire un procès. Ainsi, un État partie peut par exemple décider de ne pas incorporer les crimes contre l'humanité et accepter qu'en cas de commission d'un de ces crimes la Cour pénale internationale soit compétente pour juger les responsables. En effet, l'État partie est tenu de « céder » sa compétence à la CPI s'il « n'a pas la volonté ou est dans l'incapacité de mener véritablement à bien l'enquête ou les poursuites » (art. 17, SR en conformité avec l'article 1er et le dixième paragraphe du Préambule), mais uniquement dans ce cas. En définitive, même si le Statut de Rome ne prévoit pas une obligation explicite d'adapter les législations internes pour juger au niveau national les crimes internationaux, on ne peut nier que le but de cet instrument supranational est de contraindre les États à prendre en charge – prioritairement – le jugement de ces crimes. C'est ce qu'exprime le principe de complémentarité qui est la marque même du Statut : d'une part, on laisse aux États la priorité pour juger ; de l'autre, on menace les États de perdre une part de leur souveraineté punitive. De cette façon, par le biais du système de la complémentarité, le SR provoque, indirectement, l'adaptation des législations nationales (en ce qu'il opère telle une « menace » de perte de juridiction et, par conséquent de souveraineté).

En second lieu, il convient d'envisager la catégorie des législateurs qui ont *modifié* le dispositif national existant à l'occasion de la ratification du Statut. La Colombie, par exemple, avait introduit dans le Code pénal de l'année 2000 les crimes de disparition forcée (art. 165) et l'enlèvement de personnes (art. 168). Avec la ratification du Statut de la CPI, le législateur colombien a décidé de juxtaposer la définition donnée par l'article 7 SR. Cette idée de juxtaposition se dégage clairement du Rapport au Sénat du 1er avril 2001 (*Informe de ponencia para primer debate en el Senado del Proyecto de Acta Legislativo nº 14 de 2001,* dell'1.4.2001), et tout spécialement de la formule selon laquelle, « aux effets du Statut, la définition des crimes contre l'humanité se distingue des autres définitions qui ont été utilisées par le passé, qui peuvent être utilisées habituellement ou qui pourront se développer à l'avenir, dans des contextes qui ne sont pas liés de manière directe à l'activité de la Cour pénale internationale »[1].

Il est intéressant de signaler le cas du Code pénal espagnol, introduit par la loi organique nº 10 du 23 novembre 1995. En son sein, apparaissent deux

1. Sur l'adaptation de l'ordre juridique colombien au Statut de la CPI, voir A. Aponte, « Colombia. El Estatuto de Roma y los límites del derecho penal en escenarios de alta conflictividad : el caso colombiano », *in* K. Ambos, E. Malarino, J. Woischnik, *Dificultades jurídicas y políticas para la implementación del Estatuto de Roma. Contribuciones de América Latina y Alemania,* Montevideo, Konrad Adenauer Stiftung, 2006, p. 197-226.

normes consacrées au crime de torture. D'une part, à titre de délit commun : l'article 174, au sein du titre VII intitulé « Les tortures et les autres délits contre l'intégrité morale ». D'autre part, en tant que crime international : au sein du titre XXIV concernant les crimes contre la communauté internationale, au chapitre II *bis* sur les crimes contre l'humanité, l'article 607 *bis,* § 2, n° 8 définit la torture de la manière suivante : « Soumission de la personne à des souffrances physiques ou psychiques », sans exiger que cela soit commis par une autorité ou un fonctionnaire public, ni, enfin, que cela soit réalisé dans le but d'obtenir un aveu ou une information, ou encore de punir pour d'autres faits ou pour une raison discriminatoire. Cette définition se fonde sur celle contenue dans le Statut de Rome à l'article 7, § 1er, lettre *f)* et dans les *Éléments des crimes*. Cette dernière définition s'éloigne, en ce qui concerne l'élément intentionnel, de celle prévue par l'article 174 du Code espagnol, ainsi que de celle contenue dans la Convention des Nations Unies de 1984, et aussi, enfin, de l'interprétation donnée de cette incrimination par les deux tribunaux *ad hoc*.

Des observations qui précèdent, se dégage la dynamique d'un droit commun en train de se mettre en place autour de la protection des droits de l'homme et au travers du droit pénal[1].

1. M. Delmas-Marty, *Pour un droit commun,* Paris, Le Seuil, 1994 ; *Le flou du droit,* Paris, 2e éd., 2004 ; « Le droit pénal comme éthique de la mondialisation », *Revue de science criminelle et de droit pénal comparé,* 2004, p. 1.

C'est précisément cette dynamique de l'universalité de l'infraction qui peut servir de prisme pour analyser non seulement les convergences, mais aussi les divergences que révèle la comparaison des législations nationales.

Comme le montre l'étude des différents droits nationaux, une distinction relativement claire et marquée sépare les pays en ce qui concerne la valeur protégée : certains ont repris les formules des conventions internationales ; d'autres, en revanche, ont en quelque sorte instrumentalisé la notion à des fins politiques, historiques ou sociales. Cette dichotomie peut s'inscrire dans la problématique plus large de l'universalité du concept des crimes contre l'humanité ; elle permet ainsi de dégager une distinction fondamentale entre la valeur universellement protégée et une valeur protégée nationalisée[1].

À ce propos, il faut à nouveau renvoyer à l'exemple espagnol. L'Espagne a ratifié le SR le 19 octobre 2000, avec la loi n° 6[2]. L'entrée en vigueur du SR imposait l'adoption d'une loi régissant les aspects procéduraux de la coopération avec la Cour, ce dont s'est chargée la loi organique n° 18 du 10 décembre 2003. L'Espagne classe les crimes contre l'humanité *(delitos de lesa humanidad)* parmi les crimes contre le droit

1. Voir N. Guillou, « Modélisation », *in* M. Delmas Marty (dir.), *Vers des principes directeurs internationaux de droit pénal. Le processus d'internationalisation,* vol. VII, Paris, MSH, 2001.

2. Voir A. Gil Gil, « Los nuevos instrumentos de implementación del Estatuto de la Corte penal internacional en legislación española », *in* K. Ambos, E. Malarino, J. Woischnik (dir.), *Temas actuales del derecho penal internacional. Contribuciones de America latina, Alemania y Espana,* Uruguay, KAS, 2005, p. 193-205.

des gens *(delitos contra el derecho de gentes)* sous le titre consacré aux « délits contre la communauté internationale » *(delitos contra la comunidad internacional)*[1]. Au sein de la rubrique *Los delitos contra la Comunidad internacional,* le titre XXIV du Code pénal espagnol comprend donc les délits provenant du droit international et intégrés en droit interne. De cette façon, le législateur espagnol montre son propre intérêt à protéger au niveau interne des valeurs identifiées comme fondamentales au niveau supranational pour la sauvegarde de la paix et de l'humanité. Mais, bien que la communauté internationale soit l'intérêt protégé indiqué par le titre, chaque incrimination protège des biens juridiques concrets – tantôt individuels, tantôt collectifs.

Un schéma similaire caractérise d'autres ordres internes : le Portugal, par exemple, inscrit dans la loi d'adaptation au Statut de Rome un titre intitulé « Crimes contre le droit international humanitaire » *(« Crimes de violação do direito internacional humanitario »)* qui comprend les « crimes contre l'humanité » *(« crimes contra a humanidade »)* (Loi d'adaptation de la législation pénale portugaise au Statut de la Cour pénale internationale, incriminant les crimes contre le droit international humanitaire, *Lei 31/2004*

1. Sur les crimes contre l'humanité en Espagne, voir A. Gil Gil, *Titulo XXIV. Delitos contra la comunidad internacional,* publié sur le Portal iberoamericano de Ciencias penales de la Universidad de Castilla-La Mancha : http://portal.uclm.es/portal/page/portal/IDP/BIBLIO?p_cont=D&p_orden=1- ; J. M. Landa Gorostiza, « El "Nuevo" Crimen de Lesa Humanidad : una primera aproximación », *Revista penal,* n° 14, 2004, p. 70-90.

« Adapta a legislaçào penal portuguesa ao Estatuto do Tribunal penal internacional, tipificando as condutas que constituem crimes de violação do direito internacional humanitario »). Cette loi abroge les articles du Code pénal précédemment en vigueur contre l'identité culturelle et l'intégrité personnelle *(« contra a identidade cultural e a integridade pessoal »),* qui ne visaient pas explicitement les crimes contre l'humanité. De nombreux pays optent pour la formule des « crimes contre l'humanité » (c'est le cas de la France – qui, dans le livre dédié aux délits contre les personnes, consacre un titre aux crimes contre l'humanité et contre l'espèce humaine, et un sous-titre aux crimes contre l'humanité ; qui distingue, en outre, entre le génocide (chap. I) et « les autres crimes contre l'humanité » –, du Royaume-Uni, du Canada, du Costa Rica, du Pérou, de l'Uruguay et de l'Australie). Enfin, il faut signaler ces pays, tels que la Colombie, dont le législateur a choisi de recourir à la formule des « infractions contre la vie et l'intégrité personnelle » *(« delitos contra la vida y la integridad personal »)* pour y inclure le génocide, les délits contre les personnes et les biens protégés par le droit international humanitaire, la disparition forcée et l'enlèvement de personnes, si bien que la définition des crimes contre l'humanité est finalement absente (Code pénal de l'année 2000, adopté par la loi 599 du 24 juillet 2000).

II. – **Trois paradigmes d'intégration**

Les modalités, l'étendue et l'intensité de l'accomplissement concret par les États de leurs obligations internationales sont appelées à subir l'influence de différents facteurs : la tradition juridique, les spécificités normatives et notamment constitutionnelles caractérisant chaque système juridique national et, enfin, l'histoire dans laquelle s'inscrivent les graves violations des droits de l'homme constituant les crimes contre l'humanité.

Le fait que le Statut de Rome ne soit pas toujours compatible avec les systèmes internes ne saurait surprendre dès lors que l'on tient compte et que l'on garde à l'esprit le fait que cet ensemble juridique est le fruit d'un compromis entre des ordres et des cultures juridiques très différents[1]. Un texte dont on escompte une acceptation universelle peut à l'évidence difficilement satisfaire les exigences de tous les droits constitutionnels. Ce qui, dans certains cas, ne saurait faire l'objet d'aucune objection ou d'aucun obstacle sur ce terrain est susceptible de représenter dans d'autres États une atteinte à l'ordre constitutionnel. C'est ainsi que, si le SR constitue le point de référence pour la mise en œuvre au niveau interne (et, par conséquent, le point d'ancrage du processus d'harmonisation), il reste que, dans le même temps, une harmonisation conforme aux paramètres internationaux peut nourrir des difficultés insurmontables pour l'ordre interne.

1. Sur cet aspect, parmi d'autres, voir K. Ambos, *La parte general del derecho penal internacional. Bases para una elaboracion dogmatica,* Montevideo, Konrad Adenauer Stiftung, 2005 ; M. Delmas-Marty, « The ICC and the interaction of international and national legal systems », *in* A. Cassese, P. Gaeta, J. R. W. D. Jones, *The Rome Statute of the International Criminal Court. A Commentary,* Oxford, Oxford University Press, 2002 ; E. Amati, V. Caccamo, M. Costi, E. Fronza, A. Vallini, *Introduzione al diritto penale internazionale,* Milano, Giuffré, 2006.

L'expérience de mise en œuvre démontre que ce dernier aspect est susceptible de provoquer un certain nombre de difficultés lors de l'exercice de transposition du SR à l'échelon étatique s'agissant précisément des crimes contre l'humanité. Dans différents États, des problèmes de compatibilité entre le SR et la Constitution se sont, en effet, présentés.

L'analyse comparée permet d'identifier certaines des dynamiques fortes et significatives qui travaillent non seulement les processus de codification internes des crimes contre l'humanité, mais aussi les interactions qui opèrent entre les différents niveaux de protection des droits de l'homme.

Au-delà des convergences et des divergences nombreuses, apparaissent des dynamiques d'interaction entre normes internationales et droits internes qui autorisent à dégager trois paradigmes gouvernant l'incrimination en droit interne du crime contre l'humanité.

Ces trois paradigmes offrent une lecture raisonnée de la diversité qui émerge de la comparaison à condition de ne pas les envisager en termes alternatifs mais potentiellement cumulatifs ou combinatoires dans la mesure où, en effet, un même pays peut emprunter à deux paradigmes distincts.

Avant d'en détailler le contenu, il convient de garder à l'esprit que demeure un certain nombre d'États n'incriminant pas de manière spécifique les crimes contre l'humanité, ce qui emporte des conséquences importantes au niveau de la protection des droits de l'homme. Cela s'explique soit par l'absence d'intérêt à protéger spécifiquement ces biens juridiques, soit par l'absence de volonté politique, y compris à la suite de la ratification du Statut de Rome, parce que les incriminations « communes » en vigueur sont jugées suffisantes, de sorte que la valeur ajoutée du Statut est considérée nulle.

L'Italie, par exemple, n'a introduit ni dans son Code pénal ni au sein d'une loi spéciale de normes sur les crimes contre l'humanité. C'est la raison pour laquelle, y compris dans le cadre de procès récents (tel que le procès des graves violations des droits fondamentaux perpétrées dans la caserne de *Bolzaneto*), il fut impossible de réprimer sur la base des délits communs déjà présents dans l'ordre juridique national certaines conduites pourtant punissables en vertu de la norme internationale relative au crime de torture (élément qui s'ajoutait à la difficulté d'identifier les responsables des violations au sein de la police).

L'Équateur figure parmi les pays qui ont estimé suffisantes les incriminations existantes dans leur ordre juridique interne et n'incriminent pas spécifiquement les crimes contre l'humanité. Il faut y ajouter le Danemark, dont le *Special International Crimes Office,* institué par le ministère de la Justice en 2002 au sein du *Prosecution Service,* a considéré suffisante la formulation retenue par le Code pénal en vigueur s'agissant des comportements constituant des crimes contre l'humanité. En 2002, le législateur danois a ajouté le terrorisme à ces infractions.

1. **La contextualisation normative, une intégration critique.** – Le premier paradigme concerne les pays ayant intégré les crimes contre l'humanité en leur sein au travers d'une contextualisation qui peut être qua-

lifiée de normative. L'introduction de l'incrimination s'est réalisée en interaction avec la norme internationale, modifiant celle-ci dans le but de respecter des contraintes spécifiques et fondatrices du système juridique interne, telle quelle la légalité en matière pénale.

En ce sens, le législateur national ne se contente pas de reconnaître l'importance de cette incrimination et donc de l'intégrer en droit interne, mais essaie, au travers d'un parcours critique, de la reformuler en la conformant aux standards éthiques, juridiques et formels propres à sa tradition juridico-culturelle.

A) *La légalité des incriminations.* – L'Allemagne a introduit les crimes contre l'humanité dans le *Völkerstrafgesetzbuch* (Code pénal international), texte entré en vigueur le 30 juin 2002, qui constitue la loi d'adaptation au Statut de la CPI. Son § 7 définit les crimes contre l'humanité[1]. L'Allemagne a donc opté pour l'adoption d'un code séparé et *ad hoc* pour régir le droit pénal international.

La norme interne s'inspire de la norme internationale : la structure est composée d'un « chapeau » (ou

1. Pour le texte, voir le site www.juscrim.mpg.de. En doctrine, C. Kress, *Vom Nutzen eines deutschen Völkerstrafgesetzbuchs,* Baden-Baden, Nomos Verlag, 2000 ; H. Satzger, « German criminal law and the Rome Statute. A critical analysis of the New German Code of crimes against international law », *International Criminal Law Review,* 2, 2002, p. 261 ; G. Werle, « Konturen eines deutschen Völkerstrafrechts », *Juristenzeitung,* 2001, p. 885 ; G. Werle, F. Jessberger, « International criminal justice is coming home. The New German Code of crimes against international law », *Criminal Law Forum,* 13, 2002, p. 191 ; G. Werle, F. Jessberger, « Das Völkerstrafgesetzbuch », *Juristenzeitung,* 2002, p. 725 ; G. Werle, *Völkerstrafrecht,* Mohr Siebeck, Munich, 2e éd., 2008, p. 129-137.

élément de contexte) – dont la présence est toujours exigée et qui vise une attaque systématique ou généralisée lancée à l'encontre d'une population civile – et des divers comportements punissables. Mais, afin de respecter le principe constitutionnel de précision et de certitude de la loi pénale (consacré à l'article 103, § 2 de la Constitution), le législateur allemand a souhaité préciser certaines conduites, s'écartant ainsi du texte du SR[1].

En effet, la formule prévue à l'article 7, § 1er, lettre *k)* SR concernant les « autres actes inhumains de caractère analogue causant intentionnellement de grandes souffrances ou des atteintes graves à l'intégrité physique ou à la santé physique ou mentale » a été remplacée par celle-ci : « inflige à une autre personne des atteintes graves à l'intégrité physique ou mentale, en particulier des atteintes telles que celles visées au § 226 du Code pénal » (§ 7, 1, n° 8 du Code pénal international allemand).

En revanche, ce même choix ne se retrouve pas dans le Projet de loi d'adaptation française, adopté par le Sénat en première lecture le 10 juin 2008 et qui, transmis à l'Assemblée nationale le 11 juin 2008, devrait être examiné dans les prochains mois. Ce Projet, qui modifie la définition contenue dans l'article 212-1 du Code pénal en vigueur, ne s'éloigne pas d'une manière significative de l'article 7 et, en suivant ce texte, au § 1, n° 11, mentionne comme comportements punissables les actes inhumains (pour les

1. G. Werle, *Völkerstrafrecht,* Munich, Mohr Siebeck, 2e éd., 2008, p. 370-373.

détails, voir http://www.senat.fr/dossierleg/pjl06-308.html ; http://www.cfcpi.fr/spip.php ?rubrique4).

Le choix du législateur allemand a le mérite de montrer qu'une acception stricte de la légalité peut être respectée sans contraindre le législateur à opter pour une solution plus radicale, consistant à ne pas prévoir la punissabilité du comportement formulé de manière imprécise. Ainsi, le législateur parvient à trouver un équilibre entre le droit du citoyen à la légalité pénale et l'intérêt de la société à la répression de ces crimes. De ce point de vue, au regard des processus d'adaptation des droits internes, cette méthode d'analyse de chaque incrimination est préférable à la technique de l'adaptation littérale qui opère par renvois directs au Statut de la CPI. Animé de la même exigence de précision, le législateur allemand a précisé les comportements d'extermination et de persécution.

Il convient de signaler que, dans d'autres pays attachés à la défense de l'acception stricte du principe de légalité, se sont également posées des difficultés du fait de la description imprécise des incriminations. Ainsi, par exemple, l'Espagne a exclu les actes inhumains des conduites punissables du chef de crimes contre l'humanité.

Quoi qu'il en soit, il ne semble pas que ce type de réception puisse être à l'origine de lacunes : en effet, plusieurs des comportements décrits dans le SR et non intégrés en droit interne sont déjà punissables sur la base d'autres normes. Pour cette raison, cet élagage au stade de la réception semble plutôt fournir une contribution positive au développement ordonné du système de protection des droits de l'homme.

B) *La légalité des peines.* – Un autre aspect du Statut de Rome a soulevé d'importants problèmes d'antinomie au regard du principe de légalité. Il s'agit de la prévision, par le texte international, de peines indéterminées.

Le SR, à la différence des Statuts des tribunaux *ad hoc* et même des textes précédents concernant la justice pénale internationale, marque une avancée significative sur ce point : les articles 77 et suivants détaillent la typologie des peines applicables et les critères de leur détermination. Auparavant, en raison d'une lacune sur ce point, les juges étaient contraints soit de renvoyer aux droits nationaux, soit de décider discrétionnairement, moyennant un fort risque d'incohérences d'un arrêt à l'autre (risque que confirme l'expérience des tribunaux *ad hoc,* fortement marquée par l'absence de critères permettant de déterminer la peine). Toutefois, bien que le SR représente un pas en avant de ce point de vue, il faut souligner que ce texte prévoit la même peine pour tous les crimes de la compétence de la Cour (avec, pour maximum, la peine de trente ans d'emprisonnement). Ce choix s'explique notamment par la forte influence des pays de *common law,* dans lesquels la détermination de la peine se réalise au moment du *sentencing* (voir article 78 SR et article 145 du Règlement de procédure et preuves).

Ces normes ont soulevé des problèmes de compatibilité avec les législations de *civil law,* régies par un principe de légalité étroite. Dans le cadre de la marge d'appréciation reconnue à tout État partie par le système de la Cour, l'Allemagne a choisi d'indiquer pour chaque incrimination la peine proportionnée à sa gravité (art. 6 à 14 du Code pénal international *(Völkerstrafgesetzbuch)*). L'article 103, § 2 de la Constitution allemande, déjà mentionné, formalise également le principe, fondateur pour tout État de droit, de légalité des peines.

De même, des peines différenciées pour chaque infraction constituant un crime contre l'humanité ont été prévues – par l'Espagne, l'Argentine (Projet de loi sur les crimes contre l'humanité *(Proyecto de Ley sobre crímenes de lesa humanidad)* de 2001), par l'Uruguay (à l'intérieur de deux Actes *(Actos aislados)* –, loi 18.026 du 13 septembre 2006 qui ratifie le Statut, titre II), par le Pérou (pour tous les comportements punissables : disparition forcée, torture, discrimination, manipulation génétique, titre XIV-A du Code pénal, inséré en 1998). Au contraire, une seule peine (avec la prévision du minimum) a été prévue par le Portugal, la Serbie (dans le *Draft Criminal Code,* chap. 34, art. 371), le Costa Rica (art. 379 du Code pénal, introduit avec la loi du 25 avril 2002), le Panama (qui toutefois prévoit une peine différente – inférieure – pour celui qui dirige, participe à des organisations qui mettent en place la traite internationale d'êtres humains). Au regard du principe de légalité, le Chili offre également un exemple intéressant. Le Tribunal constitutionnel a, en effet, défini la partie spéciale du Statut de la CPI comme « un véritable Code pénal », en raison de la quantité des comportements spécifiques prévus. C'est pourquoi le respect du principe de légalité impose qu'il soit approuvé au moyen d'une loi (Tribunal constitutionnel *(Tribunal Constitucional*), Rôle n° 346, du

8 avril 2002 : « Par rapport aux trois premiers, les art. 6, 7 et 8 du Statut de la Cour pénale internationale prévoient une grande quantité de comportements spécifiques. Ainsi, le Statut constitue un vrai Code pénal. En vertu de l'article 60, nº 3 de la Constitution, un code de ce genre ne peut être approuvé qu'au travers d'une loi »).

Au-delà des exemples qui viennent d'être examinés, il convient d'ajouter d'autres difficultés de compatibilité entre le texte du SR et les standards nationaux concernant notamment les principes généraux de droit pénal. Parmi les plus fréquents : la peine d'emprisonnement à perpétuité (art. 77, al. 1er, lettre *b)* SR) ; les conséquences problématiques au regard du principe de culpabilité des dispositions relatives à la responsabilité du supérieur hiérarchique (art. 28 SR) ou l'exclusion de l'erreur de fait (art. 32 SR) ; les possibilités permettant la réouverture d'un procès (art. 20, § 3 SR) dans des États ayant élevé le principe *ne bis in idem* au rang constitutionnel ; le défaut de pertinence de la qualité officielle (art. 27), ou l'existence d'immunités ou d'autres règles spéciales s'agissant du jugement de hautes autorités étatiques.

Les deux exemples tirés de la mise en œuvre de l'instrument supranational par l'Allemagne sont révélateurs des dynamiques qui marquent la réception des crimes contre l'humanité en droit interne.

En premier lieu, ils montrent très clairement le caractère pluraliste du Statut de Rome, qui admet des marges d'autonomie en faveur des États parties.

À dire vrai, la nature pluraliste du Statut doit encore être confirmée par la CPI elle-même dont il reste encore à observer le degré de « flexibilité » des évaluations qu'elle fera de l'activité d'adaptation des États. Il est, par exemple, permis d'envisager l'hypothèse suivante : un crime contre l'humanité commis en Allemagne ne peut être puni à cause de la formulation allemande relative à la définition d' « autres actes inhumains » ; la CPI décide alors de juger elle-même les accusés. Dans ce cas, l'évaluation par la CPI de la réception de l'infraction conclut à l'inadéquation. Cet exemple souligne la nécessité d'attendre les paramètres qui seront utilisés par la CPI pour juger les réceptions internes des crimes contre l'humanité avant de pouvoir affirmer si, et dans quelle mesure, le Statut et plus généralement le système de la CPI présentent un caractère pluraliste.

En tout cas, le processus d'adaptation emporte nécessairement des conséquences (directes ou indirectes) en termes de rapprochement des droits internes. En ce sens, nous supposons qu'il existe un lien entre la règle de la complémentarité de la Cour pénale internationale (et donc aussi les techniques d'adaptation au SR) et le processus d'harmonisation que l'architecture proposée met en marche. Par le truchement de la complémentarité, le SR opte en faveur d'un *modèle binaire,* caractérisé par la coexistence de différents organes judiciaires : d'une part, une pluralité de systèmes nationaux (chacun avec ses propres spécificités) d'action *prioritaire* ; de l'autre, un système supranational – la Cour – qui n'entre en action que de façon *complémentaire, subsidiaire.* D'où un système complexe composé de différents sous-systèmes juridiques et niveaux normatifs, et qui, par conséquent, fonctionne selon des rythmes et à des vitesses différenciés. Les États parties – comme on l'a vu avec le Code pénal international allemand – ont en effet la possibilité, lors de la phase d'adaptation, de s'écarter des solutions adoptées au niveau international, en assurant ainsi le respect de leurs principes constitutionnels[1].

En deuxième lieu, les exemples mentionnés concernant l'exigence du respect de la légalité stricte mettent également en évidence le parcours emprunté par l'incrimination de souche internationale qui fait l'objet d'une *acculturation juridique* au niveau national, la « nationalisation des crimes » permettant le respect des garanties et des principes fondamentaux. Par là même, le cheminement passe par une intégration qui peut être dite « critique » au travers d'une réception de l'incrimination internationale tenant compte des spécificités nationales. Autrement dit, ces choix des législateurs internes témoignent que l'atrocité des crimes ne saurait justifier l'adoption d'une norme qui ne respecte pas les principes fondamentaux de la matière pénale, tels qu'établis dans la Constitution.

2. **La contextualisation historique, une intégration émotionnelle.** – Ce paradigme regroupe les pays qui, s'ils reprennent les normes internationales et introduisent l'incrimination prévue par le droit international,

1. Sur ce point, voir aussi E. Malarino, *Implementación y dificultades de implementación del Estatuto de Roma a la luz de la experiencia latinoamericana, in* K. Ambos, E. Malarino, J. Woischnik (dir.), *Dificultades jurídicas y políticas para la implementación del Estatuto de Roma. Contribuciones de América latina y Alemania,* Montevideo, Konrad Adenauer Stiftung, 2006, p. 489-513.

le font aussi pour refléter une maturation historique et politique concernant des événements tragiques de l'histoire nationale.

A) *Contextualisation interne à l'incrimination.* – La dynamique à l'œuvre consiste à introduire l'incrimination internationale des crimes contre l'humanité dans l'histoire nationale. En d'autres termes, le processus de nationalisation de l'incrimination se caractérise par un législateur qui a davantage à l'esprit les événements historiques de son pays que la norme internationale.

L'explication peut tenir à la volonté politique de l'État de lancer envers un message l'opinion publique de repentance au regard de crimes appartenant au passé du pays. Ainsi, le législateur national peut décider de nationaliser et, plus précisément, d'historiciser l'infraction des crimes contre l'humanité, telle qu'elle est formulée au niveau international, afin de faire acte de repentance pour des faits qui se sont produits auparavant.

Certes, l'entrée de normes juridiques en droit positif est toujours le fruit de processus historiques. Toutefois, dans ce cas, l'incrimination est de nature symbolique, ayant valeur de confession, d'aveu. Par le biais de l'incrimination, l'État admet ses « péchés ». L'incrimination remplit donc une fonction confessionnelle de repentance. L'histoire est ainsi sanctionnée (au sens étymologique du terme – *sanctum facere,* « fixée ») au moyen de l'instrument pénal. Et, plutôt que d'organiser un procès pour les crimes commis, le législateur introduit une incrimination pour « établir », « sanctionner » les événements historiques d'une manière irrévocable et, ce faisant, « pour réparer l'histoire ».

Ce processus de production normative interne des crimes contre l'humanité peut être évalué d'une façon positive, excepté lorsque la norme vient contredire les principes de l'État de droit.

En ce qui concerne la France, par exemple, la codification des crimes contre l'humanité ainsi que la disposition sur l'imprescriptibilité de ces infractions (voir à ce propos les modifications contenues dans le Projet de loi d'adaptation française au Statut de la CPI qui allonge seulement la prescription pour les crimes de guerre) peuvent être lues à la lumière et en fonction des débats politiques nationaux, des rapports de pouvoir, des réactions de l'opinion publique et surtout en relation avec les reconstructions et élaborations du passé.

À ce propos, il suffit d'évoquer l'insatisfaction manifestée au cours des procès (pour la mémoire) ayant pour objet les crimes commis sous le régime de Vichy (avant même l'introduction des crimes contre l'humanité ont été organisés les procès de *Barbie* et *Touvier* puis, après leur entrée en vigueur, celui de *Papon*)[1]. L'ensemble a servi de moteur à la réception au niveau interne de l'imprescriptibilité (loi 64-1326 du 26 décembre 1964) tendant à constater l'imprescriptibilité des crimes contre l'humanité[2], article unique – ren-

1. Voir P. Couvrat, « Les infractions contre les personnes dans le nouveau Code pénal », *Revue de science criminelle et de droit pénal comparé,* 1993, p. 469 ; M. Massé, « Les crimes contre l'humanité dans le nouveau Code pénal français », *Revue de science criminelle et de droit pénal comparé,* 1994, p. 376-383.

2. *Journal officiel* du 29 décembre 1964.

voyant au Statut du Tribunal militaire de Nuremberg et à la Résolution des Nations Unies du 13 février 1946 pour la définition des crimes contre l'humanité – qui les déclare imprescriptibles « par leur nature »[1].

En ce sens, la nécessité de reconnaître, d'avouer les crimes commis par le passé représente une stimulation très puissante pour les législateurs à la recherche d'une dimension nouvelle pour la société nationale.

B) *Contextualisation externe à l'incriminalité.* – Le lien profond entre la législation française sur les crimes contre l'humanité et le contexte historico-politique national apparaît très nettement au travers de l'adoption des lois dites mémorielles (voir *infra*) ou de l'infraction de « négationnisme », prévue à l'article 24 *bis* de la loi sur la liberté de presse (intitulé « Contestation des crimes contre l'humanité »).

L'Espagne ne semble pas bien différente. Dans ce pays qui s'est libéré tard de la dictature, la question de la mémoire est centrale et l'impression est forte que l'approbation d'une législation sur les crimes contre l'humanité – comme en France – a pu constituer une voie pour faire face de manière symbolique à certains événements tragiques ayant marqué l'histoire du pays.

Tout se passe comme si la France et l'Espagne avaient eu besoin de cette législation pour « se raconter » ce qui s'est passé et éviter ainsi toute suppression, tout oubli mnémonique.

L'analyse des normes nationales sur les crimes contre l'humanité (qui intègre la forte interaction

1. Voir, à ce propos, A. Cassese, *International Criminal Law*, Oxford, Oxford University Press, 2003, p. 317-319.

entre jugement pénal et jugement historique) doit donc être complétée par l'examen des dispositions contenues au sein des diverses lois qui ont pour point commun de prétendre « figer » le passé, en devenant ainsi des lieux de construction de la mémoire collective. Il s'agit d'initiatives de nature différente (tantôt assorties de sanctions pénales, tantôt dépourvues) mises en place afin de construire et de défendre *une* mémoire du passé, en faisant appel au droit – et, parfois, au droit pénal.

Le concept des « lois mémorielles » a été forgé en France pour désigner la loi *Gayssot* (loi n° 90-615 du 13 juillet 1990), la loi *Taubira* (loi n° 2001-434 du 21 mai 2001 tendant à la reconnaissance de la traite et de l'esclavage en tant que crime contre l'humanité), la loi sur la reconnaissance du génocide arménien (loi n° 2001-70 du 29 janvier 2001) et celle sur la reconnaissance de ce qui fut qualifié « aspects positifs » de la colonisation (loi n° 2005-158 du 23 février 2005). Il faut toutefois immédiatement souligner la différence entre une loi prévoyant des sanctions pénales, comme la loi *Gayssot,* et les autres lois, qui se limitent à affirmer certains événements historiques. La question de l'opportunité d'une telle intervention législative a fait l'objet d'un débat politique, ainsi que dans la communauté des historiens et des juristes. Parce que légiférer sur l'histoire serait contraire à l'essence même de l'histoire, dix-neuf des plus grands historiens français ont cosigné un texte intitulé « Liberté pour l'histoire ! », paru le 12 décembre 2005, dans lequel ils demandaient l'abrogation de la loi du 23 février 2005 sur la présence française outre-mer, mais en citant par la même occasion les lois du 13 juillet 1990 (loi *Gayssot*), du 29 janvier 2001 reconnaissant le génocide arménien de 1915 et du 21 mai 2001 reconnaissant la traite et l'esclavage en tant que crime contre l'humanité (loi *Taubira*).

L'Espagne a aussi adopté une loi mémorielle : la loi d'extension des droits des victimes de la guerre civile et de la dictature (*« Ley por la que se reconocen y amplían derechos y se establecen medidas a favor de quienes padecieron persecución o violencia durante la guerra civil y la dictadura »,* autrement dite *« Ley de la Memoria Histórica »*), approuvée le 26 décembre 2007 et visant à reconnaître les victimes du franquisme[1]. Les objectifs de cette loi étaient, d'une part, la récupération de la mémoire historique en réaffirmant les valeurs démocratiques, niées par la guerre civile, et, d'autre part, la reconnaissance et la réparation des victimes de ces atrocités (art. 1er, § 1er de la loi).

Ces lois, même lorsqu'elles ne prévoient pas d'infraction pénale, viennent contextualiser une infraction existante. La France peut de nouveau servir d'exemple avec, notamment, les lois ayant reconnu le génocide arménien ou l'esclavage comme crime contre l'humanité (loi *Taubira*) : dans ce cas, le législateur exerce une fonction *identificatrice,* de *qualification des faits* et *déclarative,* en lieu et place du juge. Ainsi, au-delà de la qualification pénale en tant que telle, la loi elle-même peut contextualiser l'incrimination, en délimitant les hypothèses d'application de la qualification pénale.

1. Voir aussi, pour toutes références bibliographiques, A. Gil Gil, *La justicia de transición en Espana. De la amnistía a la memoria histórica,* Barcelone, Atelier, 2009.

Cette deuxième dynamique doit être distinguée de la première (codification des crimes contre l'humanité au niveau interne). Les deux hypothèses montrent la profonde interaction entre politique criminelle et histoire, et, notamment, entre naissance d'infractions pénales ou, plus généralement, de normes juridiques et événements historiques. Toutefois, si, à l'image de la codification des crimes contre l'humanité, l'adoption de lois mémorielles et l'introduction du délit de négationnisme fondent la loi sur l'expérience historique, elle a de surcroît pour spécificité de prétendre « légiférer sur l'histoire », avec toutes les conséquences négatives dont une telle démarche est porteuse. Ce constat nous amène à évaluer positivement le premier mouvement, contrairement au second qui risque de conduire à des dérives du point de vue du juriste et de l'historien.

En effet, les lois mémorielles, même lorsqu'elles ne font pas appel directement à l'instrument pénal, imposent une reconstruction historique des faits. Le négationnisme vise donc à « fixer l'histoire », avec pour caractéristique supplémentaire de prévoir la sanction pénale de la contestation de l'existence des crimes contre l'humanité ou d'un génocide. L'instrument pénal plus que d'autres satisfait des exigences de narration partagées dans la société pour défendre un passé qui ne doit pas passer[1]. Au-delà des problèmes classiques qui accompagnent les délits d'opinion, cette in-

1. Voir, sur cette fonction « narrative », A. Garapon, *Des crimes qu'on ne peut ni punir ni pardonner. Pour une justice internationale,* Paris, Odile Jacob, 2002 ; sur les liens entre mémoire collective et instrument pénal, voir aussi M. Osiel, *Juger les crimes de masse. La mémoire collective et le droit,* Paris, Le Seuil, 2006.

fraction, prévue dans presque toutes les législations européennes, soulève des questions très délicates, parmi lesquelles celle de transformer le juge en historien[1]. Or les différences sont grandes entre la méthode de l'historien et celle du juge. Notamment, le procès pénal se caractérise par sa nature tranchante, qui devient chose jugée et ne peut plus être modifié. L'historien, en revanche, peut revenir sur ses opinions et son interprétation des faits. Ces incriminations comportent donc le risque de faire de la vérité historique une vérité légale, la vérité officielle[2], transformant l'histoire en chose jugée, alors qu'elle est, tout au contraire, objet permanent de révision et d'interprétation.

Bien que ces normes relèvent d'une dynamique législative commune aux crimes contre l'humanité, elles semblent introduire un élément qui, à notre avis, est susceptible de générer une contradiction avec ces derniers. En particulier, établir que tel événement historique, mais non tel autre, doit être qualifié de crime contre l'humanité (voir la loi sur le génocide arménien ou les normes sur le négationnisme qui limitent le cadre de la répression à certains crimes contre l'humanité) semble introduire un élément de discrimination tout à fait éloigné, sinon contraire au fondement même des crimes contre l'humanité, qui tient précisément à la lutte contre toute discrimination.

1. P. Vidal-Naquet, *Les assassins de la mémoire,* Paris, La Découverte, 1987, p. 183.
2. C. Ginzburg, Beweis, Gedächtnis, Vergessen, *Memory,* 30, 2002 *(Werkstatt Geschichte),* p. 50-60.

En réalité, les processus mémoriels, et notamment ceux concernant les crimes les plus atroces, devraient emprunter la voie politique. Comme le dit le pénaliste allemand Claus Roxin, « la vérité historique comme telle devrait pouvoir s'affirmer sans le droit pénal »[1].

3. **La contextualisation d'affichage, l'intégration pure du Statut.** – Le premier paradigme de la contextualisation normative regroupe les hypothèses d'écart par rapport à la norme internationale qui témoignent d'une prise de distance critique vis-à-vis de l'incrimination conventionnelle et permettent, le cas échéant, de corriger les lacunes la caractérisant. Il s'oppose donc à celui qui consiste à reproduire fidèlement la norme pénale internationale, telle qu'elle est rédigée dans les textes internationaux. Dans ce cadre, le dispositif interne est calqué sur le dispositif international, la réception de l'incrimination contenue dans le Statut de Rome s'opérant sans aucune modification ou intégration « nationalisante ».

C'est pourquoi l'impression qui domine est que l'incrimination n'est reçue que pour montrer qu'elle a été intégrée, pour respecter un standard, mais elle n'a pas été assimilée par le pays de réception. Dans ce cas, l'incrimination est assez vide de sens dans le contexte national. Et il est permis de se demander si l'on peut réellement parler de droit interne au sens structurel des termes, surtout si aucune jurisprudence ne s'est

1. C. Roxin, Was darf der Staat unter Strafe stellen ? Zur Legitimation von Strafdrohungen, *Studi in onore di G. Marinucci,* vol. I, Milano, 2006, p. 731.

encore formée en matière de crimes contre l'humanité. Car tout processus d'assimilation de l'incrimination au niveau national ne suppose-t-il pas une contextualisation historique ou normative ? La question mérite d'être posée, même si la réponse demeure ouverte s'agissant d'un processus en cours.

L'exemple de l'Afrique du Sud paraît significatif : avec l' « *Implementation of the Rome Statute of the International Criminal Court Act,* n° 27, 2002 » du 18 juillet 2002 (publié dans la *Government Gazzette,* vol. 445, Cape Town, 18 July 2002, n° 23642), la définition des crimes contre l'humanité contenue dans le Statut de Rome est reprise littéralement (voir p. 39-40 du document). Si, d'un côté, l'*International Criminal Court Act* mentionne les valeurs protégées par la communauté internationale au travers de la poursuite des crimes contre l'humanité (le Préambule indique clairement : « Conscients que – à travers l'histoire de l'humanité – des millions d'enfants, de femmes et d'hommes ont souffert d'atrocités qui constituent des crimes de génocide, des crimes contre l'humanité, des crimes de guerre et le crime d'agression selon les termes du droit international » et évoque le passé de la République sud-africaine (voir le paragraphe suivant du Préambule : « La République d'Afrique du Sud, avec sa propre histoire d'atrocités, est, depuis 1994, devenue membre à part entière et reconnue de la Communauté des Nations », de l'autre, le législateur sud-africain introduit les crimes contre l'humanité dans son propre ordre juridique avec l'acte de ratification du Statut de la CPI en faisant référence aux obligations assumées du fait de l'adhésion à ce traité et à la volonté de garder compétence dans les cas de compétence concurrente avec la CPI (voir à ce propos les objectifs explicités dans l'*Act* de transposition et dans le Préambule).

De même, l'Australie a modifié le *Criminal Code Act* datant de 1995, en introduisant dans son ordre juridique interne les crimes de génocide, de guerre et contre l'humanité. Le choix du législateur est expliqué dans l'*Explanatory Memorandum* à la CPI de 2002 : l'Australie peut ainsi conserver sa compétence punitive à l'égard de ses citoyens en cas de concurrence avec la CPI, en évitant de pouvoir être déclarée incapable selon les termes du Statut.

III. – La multitude des variantes nationales : une incrimination à vocation universelle, mais à géométrie variable

Bien qu'un processus de construction des principes internationaux de droit pénal soit amorcé, notamment grâce à l'activité conjointe des jurisprudences nationales et internationales, on constate la permanence du nationalisme du droit pénal interne.

La réception de l'incrimination des crimes contre l'humanité est effectivement loin d'être uniforme, sous réserve du noyau commun, déjà signalé, constitué par l'attaque de la population civile. Les traditions juridiques, l'histoire du pays et les contraintes politiques conduisent à une pluralité de transcriptions de la notion en droit interne.

Cette hétérogénéité se manifeste d'ailleurs aussi bien au niveau des éléments constitutifs de l'infraction qu'en ce qui concerne la compétence des tribunaux et les règles de procédures applicables devant les juridictions internes. Un concept unique et à vocation universelle se mue en un concept *à géométrie variable,* qui, lorsqu'il n'est pas absent de l'ordre interne, comprend un noyau dur commun mais présente également, et peut-être surtout, des particularités nationales plus ou moins affirmées. La matière paraît alors *a priori* réfractaire à la synthèse.

L'analyse comparée nous enseigne donc que la vocation universelle des crimes contre l'humanité ne prémunit pas contre la disparité des incriminations internes. Les ordres juridiques nationaux formulent, appréhendent et, ce faisant, colorent à leur façon la même incrimination.

Sans soutenir un discours souverainiste, cette possibilité de coloration par les États peut, à notre avis, contribuer à faire progresser le dispositif normatif et répressif relatif aux crimes contre l'humanité et doit donc être lu comme un processus susceptible d'évaluation positive. Cette possibilité pour les États de réécriture de la norme internationale peut enrichir la norme en question, la préciser, avec la possibilité que ces *inputs* puissent ensuite être récupérés au niveau international selon un mouvement biunivoque qui caractérise tout le système de protection juridique des droits de l'homme.

C'est ainsi qu'émerge un processus de « désinternationalisation », qui se développe parallèlement à celui d'internationalisation du droit pénal. À cet égard, il faut souligner le rôle moteur des droits de l'homme. En effet, la protection des droits fondamentaux a nourri des systèmes juridiques différents et des logiques nouvelles, même s'ils demeurent encore très fragmentaires. L'univers normatif se montre ouvert et dynamique. À la croisée des chemins du droit international et du droit pénal, les normes relatives aux crimes contre l'humanité s'inscrivent au sein d'une dialectique entre règles de droit international et principes et règles de droit pénal. C'est la raison pour laquelle le raisonnement doit reposer sur une logique à même de traduire la complexité de cet espace juridique. Les principes directeurs de droit pénal commun qui s'y fabriquent sont le fait d'interférences et de hiérarchies enchevêtrées. C'est donc au travers de dialogues entre lieux, institutions et jurisprudences très différentes, provoquant des interférences et des déplacements entre espaces nationaux et internationaux, que se forme un système tout à fait singulier.

Un système, qui loin d'être fixé une fois pour toutes, est pris dans une dynamique qui annonce déjà la transformation du crime contre l'humanité.

Chapitre III

LA TRANSFORMATION DU CRIME CONTRE L'HUMANITÉ

Laurent NEYRET

La révolution biotechnologique est à l'origine d'une extension considérable des pouvoirs de l'homme et, corrélativement, des risques liés aux activités humaines.

On entre dans une société du risque[1] marquée par une extension de l'inhumain à un double point de vue.

D'une part, l'inhumain peut être lié à la prise de pouvoir sur soi-même[2]. Ainsi, l'humanité n'est pas seulement menacée par les destructions et les persécutions. Avec le « biopouvoir », on passe à la fabrication d'humains, la mise en ordre eugénique de la société décrite comme une façon d' « investir la vie de part en part »[3]. Ce pouvoir de création et de transformation de la vie humaine étend le champ potentiel de la déshumanisation.

1. U. Beck, *La société du risque,* Paris, Flammarion, 2001.
2. J. Habermas, *L'avenir de la nature humaine,* Paris, Gallimard, 2002, p. 75.
3. M. Foucault, *Cours au Collège de France, 1975-1976,* Paris, Gallimard, 1997, p. 213.

D'autre part, l'inhumain s'étend au-delà des frontières de l'humanité pour concerner l'ensemble du vivant. La criminalité environnementale est susceptible d'occasionner des atteintes graves et irréversibles à l'environnement naturel au point d'occasionner une dénaturation de la vie non humaine.

L'extension de l'inhumanité de la société engendre un mouvement de pénalisation croissante des comportements gravement attentatoires au vivant, qu'il soit humain ou non humain. Plusieurs incriminations se hissent ainsi aux plus hautes cimes des infractions. Qu'il s'agisse du crime contre l'espèce humaine ou encore du crime contre l'environnement.

À un moment où le paradigme de crime contre l'humanité est en cours de construction, il importe de déterminer dans quelle mesure les notions de crime contre l'espèce humaine et de crime contre l'environnement sont amenées à le transformer. La réponse suppose d'approfondir le contenu des incriminations concernées, de découvrir les valeurs sous-jacentes qu'elles protègent et de les mettre en perspective avec la notion de crime contre l'humanité, le tout dans un sens variable suivant l'état d'avancement du droit.

I. – Le crime contre l'espèce humaine

Le paradigme de crime contre l'espèce humaine entré dans le Code pénal français en 2004 a été détaché de la catégorie de crime contre l'humanité. Pour autant, les points communs entre les deux types d'incrimination et en particulier l'identité de valeurs qu'ils protègent invitent à faire disparaître la distinction et à faire entrer les occurrences de crimes contre l'espèce humaine dans le giron des crimes contre l'humanité.

1. **Les incriminations pénales.** – Le crime contre l'espèce humaine est un genre englobant deux espèces différentes d'infractions – à savoir, le crime d'eugénisme et le crime de clonage reproductif.

A) *Le crime d'eugénisme.* – D'un point de vue **juridique,** dans un premier temps c'est la loi du 29 juillet 1994 relative au respect du corps humain qui est venue sanctionner « le fait de mettre en œuvre une pratique eugénique tendant à l'organisation de la sélection des personnes » (ancien art. 511-1 du Code pénal) en le punissant de « vingt ans de réclusion criminelle ». En parallèle, la même loi a fait entrer l'interdiction d'une telle pratique dans le Code civil (art. 16-4 al. 2). Dans un second temps, la loi du 6 août 2004 relative à la bioéthique a aggravé la sanction d'un tel comportement en la portant à « trente ans de réclusion criminelle et 7 500 000 € d'amende » (art. 214-1 du Code pénal). Aujourd'hui, le crime d'eugénisme est l'espèce du genre plus général du crime contre l'espèce humaine.

D'un point de vue **sémantique,** le terme « eugénisme » est construit à partir du grec *eu-* (le bien, le bon) et de *-genos* (la naissance). Il signifie donc « la bonne naissance », par parallèle à « la bonne mort » ou « euthanasie », et regroupe les « méthodes susceptibles d'améliorer les caractères propres d'une population »[1].

1. *Dictionnaire historique de la langue française,* Le Robert.

D'un point de vue **historique,** les exemples de recours à des pratiques eugéniques sont nombreux : que l'on songe aux pratiques de l'Allemagne nazie ou encore aux stérilisations de personnes handicapées mentales ou asociales réalisées dans plus d'une trentaine d'États américains au début du XXe siècle ainsi que dans plusieurs États européens dans la périodc de l'entre-deux-guerres (notamment Suisse, Danemark, Norvège, Finlande, Suède).

Au-delà du pouvoir de sélectionner la vie par sa destruction ou son altération, la révolution biotechnologique a conféré à l'homme le pouvoir de transformer la vie. Il s'agit là de l'une des raisons de l'incrimination spécifique des pratiques eugéniques dans le cadre des lois de bioéthique de 1994 et de 2004.

Le **domaine** d'application du crime d'eugénisme est particulièrement étendu et permet de sanctionner plusieurs formes d'eugénisme (voir art. « Eugénisme », *Dictionnaire permanent bioéthique et biotechnologies*).

D'une part, il s'agit de réprimer l'**eugénisme négatif** qui consiste à rejeter en dehors de l'humanité les individus regardés comme inférieurs d'un point de vue racial, ethnique ou génétique. Ces individus sont alors perçus comme relevant d'une **« sous-humanité ».** À l'avenir, la menace pourrait concerner d'éventuels hybrides humain/non-humain (chimères homme-animal) ou humain/machine[1]. Dans sa matérialité, le crime d'eugénisme négatif serait constitué en cas d'extermination de groupes humains en raison de

1. J. de Rosnay, *L'homme symbiotique,* Paris, Le Seuil, 1995 ; J.-P. Changeux (dir.), *L'homme artificiel,* Paris, O. Jacob, 2007.

leurs caractéristiques génétiques – autrement dit, de « génocide génétique »[1]. Il en irait de même en cas d'organisation de pratiques discriminatoires, sorte d'apartheid génétique, comme l'exclusion systématique de personnes présentant des prédispositions génétiques à des maladies graves pour l'accès à certains emplois ou à l'assurance vie.

D'autre part, le crime de l'article 214-1 du Code pénal peut prendre la forme d'un **eugénisme positif.** Celui-ci consisterait à créer des individus, perçus comme supérieurs en raison de certaines caractéristiques, notamment génétiques. Ces individus relèveraient alors d'une **« sur-humanité ».** Dès lors, le crime d'eugénisme serait constitué en cas de recours à des techniques de modification du génome humain destinées non pas à soigner, mais à améliorer les performances physiques ou intellectuelles des êtres humains. Le Code pénal français rejoint alors la Convention sur les droits de l'homme et la biomédecine signée à Oviedo le 4 avril 1997 et dont l'article 13 dispose : « Une intervention ayant pour objet de modifier le génome humain ne peut être entreprise que pour des raisons préventives, diagnostiques ou thérapeutiques et seulement si elle n'a pas pour but d'introduire une modification dans le génome de la descendance. » Dans le même sens, l'article 3, 2° de la Charte des droits fondamentaux adoptée à Nice par les États

1. G.-J. Annas, « Génisme, racisme et génocide génétique : vers un traité international sur la préservation de l'espèce humaine ? », *in* J. Bindé (dir.), *Où vont les valeurs. Entretiens du XXIe siècle II,* Paris, Éd. Unesco-Albin Michel, 2004, p. 397.

membres de l'Union européenne le 7 décembre 2000 pose comme principe que, « dans le cadre de la médecine et de la biologie, doi[t] notamment être respecté[e] [...] l'interdiction des pratiques eugéniques, notamment celles qui ont pour but la sélection des personnes ».

Dans tous les cas, la propagande ou la publicité, quel qu'en soit le mode, en faveur de l'eugénisme est un délit puni de trois ans d'emprisonnement et de 45 000 € d'amende (art. 511-1-2, al. 2 du Code pénal).

B) *Le crime de clonage reproductif.* – La loi de 2004 relative à la bioéthique incrimine « le fait de procéder à une intervention ayant pour but de faire naître un enfant génétiquement identique à une autre personne vivante ou décédée » (art. 214-2 du Code pénal). Le crime de clonage reproductif est puni de « trente ans de réclusion criminelle et de 7 500 000 € d'amende ». Cette disposition fait écho à l'article 16-4, alinéa 3 du Code civil, lui aussi issu de la loi de 2004, qui pose le principe de l'interdiction du clonage reproductif.

D'un point de vue **scientifique,** le clonage consiste à produire plusieurs organismes génétiquement identiques. Cette technique a été pratiquée sur des mammifères. Elle a notamment permis la naissance de la brebis *Dolly* en 1996. À la suite de quoi, on s'est interrogé sur la transposition de cette technologie à l'être humain. Des chercheurs ainsi que des mouvements sectaires se sont déclarés prêts à franchir ce pas. Cela a conduit les législateurs nationaux et internationaux à réagir. Le plus souvent, cette réaction a varié suivant la finalité visée par le recours à la technique de clonage.

En ce qui concerne le **clonage thérapeutique,** il s'agit de créer un embryon humain cloné et de l'utiliser pour des expérimentations ayant un but thérapeutique à plus ou moins long terme ou bien pour la croissance de tissus destinés à être greffés chez des individus malades[1]. Quant au **clonage reproductif,** il vise à faire naître des individus génétiquement identiques, afin de faire revivre un être cher décédé ou bien pour créer son égal génétique.

Le **Code pénal français** sanctionne aussi bien le clonage thérapeutique que le clonage reproductif, à la différence de droits étrangers (notamment Grande-Bretagne, États-Unis, Suède, Australie) qui autorisent le clonage thérapeutique. Pour autant, en France, seul le clonage reproductif est qualifié de crime contre l'espèce humaine. En effet, la loi de 2004 relative à la bioéthique a seulement incriminé le clonage thérapeutique comme un délit en matière d'éthique médicale en le punissant de sept ans d'emprisonnement et de 100 000 € d'amende (art. 511-18-1 du Code pénal). Une telle différence de traitement pénal entre les deux formes de clonage montre que le législateur français a voulu faire dépendre la gravité des infractions de clonage, non pas de la technique scientifique utilisée puisqu'elle est identique dans les deux cas, mais de la finalité poursuivie par les utilisateurs de ce procédé. Dès lors, sur le plan éthique, il est moins grave pour le

1. F. Dreifuss-Netter (dir.), *Le clonage humain,* Paris, La Documentation française, 2003.

législateur de concevoir un embryon humain par clonage à des fins d'expérimentation ou de soin, que de le concevoir aux fins de faire naître un enfant génétiquement identique à une autre personne.

Au-delà de la responsabilité pénale, la naissance clonée ne pourrait-elle pas s'analyser comme un préjudice réparable sur le fondement de la responsabilité civile ? Ainsi, alors que l'article L. 114-5 du Code de l'action sociale et de la famille interdit à quiconque de « se prévaloir d'un préjudice du seul fait de sa naissance », contrairement à ce qu'avait retenu la Cour de cassation dans le célèbre arrêt *Perruche* (Ass. plén., 17 novembre 2000), l'enfant cloné ne naîtrait pas à la suite d'un acte naturel et il pourrait donc subir un préjudice parce que « fabriqué [...] dans des conditions qu'il estime dommageables pour lui »[1]. Dans ce cas, le préjudice subi par l'enfant consisterait dans la lésion de son intérêt à ne pas naître cloné[2].

Incrimination spécifique du clonage reproductif. À la lecture de l'article 214-2 du Code pénal, le crime de clonage reproductif s'analyse comme une **infraction formelle,** consommée par le seul accomplissement de l'acte incriminé, indépendamment de la réalisation d'un dommage. On parle aussi d'infraction de moyens, puisque l'obtention effective d'une naissance d'enfant cloné n'est pas exigée pour qualifier le fait de criminel. En effet, il est question de « procéder à une

1. M. Delmas-Marty (ouvr. coll.), *Le clonage humain,* Paris, Le Seuil, 1999, p. 95.

2. L. Neyret, *Atteintes au vivant et responsabilité civile,* Paris, LGDJ, 2006, n° 689.

intervention *ayant pour but* de faire naître » et non pas à une intervention *ayant abouti* à faire naître « un enfant génétiquement identique à une autre personne ». Comme en matière d'eugénisme, la propagande ou la publicité en faveur du clonage reproductif est un délit sanctionné par une peine de trois ans d'emprisonnement et de 45 000 € d'amende (art. 511-1-2 du Code pénal).

La répression du clonage reproductif dans notre ordre juridique au titre des crimes contre l'espèce humaine est d'importance quand on sait que les **textes internationaux** se contentent de poser l'interdiction de cette technique de clonage, sans en punir la transgression[1]. Au titre de ces textes juridiques à portée essentiellement symbolique, on peut citer la Déclaration universelle sur le génome humain et les droits de l'homme du 11 novembre 1997 (art. 11), le protocole additionnel à la Convention d'Oviedo sur les droits de l'homme et la biomédecine, portant interdiction du clonage des êtres humains du 12 janvier 1998, la Déclaration des Nations Unies sur le clonage des êtres humains du 23 mars 2005, ou encore la Déclaration universelle sur la bioéthique adoptée par l'Unesco le 19 octobre 2005 qui, sans poser d'interdits, vise la « protection des générations futures » eu égard à l'incidence des sciences de la vie (art. 16).

D'un point de vue **chronologique,** il est remarquable que la répression du clonage reproductif intervienne

1. M. Delmas-Marty, N. Zhang, *Clonage humain. Étude franco-chinoise,* vol. 3, *Conclusion,* Paris, Société de législation comparée, 2005.

avant même qu'une telle pratique n'ait été mise en œuvre réellement en France ou dans le monde. Il s'agit là d'une originalité certaine par rapport à l'incrimination de crime contre l'humanité, intervenue après que les faits concernés se sont produits dans la réalité. Ici le droit pénal est avant tout convoqué dans sa fonction préventive. Cela rejoint la position de l'Assemblée générale des Nations Unies dans sa Déclaration sur le clonage des êtres humains de 2005, « convaincue qu'il est urgent de prévenir les risques » liés à cette technique relevant des sciences de la vie.

2. **La mise en perspective du crime contre l'espèce humaine et du crime contre l'humanité.** – Si le législateur français a voulu faire du crime contre l'espèce humaine une infraction autonome en l'éloignant du paradigme de crime contre l'humanité, il n'empêche que de nombreux arguments militent en faveur d'une fusion des deux types d'incrimination au sein de la catégorie unique et englobante de crime contre l'humanité.

A) *Éloignement.*

a) Approche idéologique. La volonté affichée par le législateur de 2004 qui a créé la nouvelle catégorie de crime contre l'espèce humaine a été d'autonomiser cette infraction par rapport à la catégorie existante de crime contre l'humanité. Pour preuve, ces deux incriminations font l'objet de deux sous-titres distincts au sein du Code pénal. La qualification de « crime contre l'espèce humaine » a été retenue car elle présentait « l'avantage d'englober dans son champ l'ensemble des pratiques liées à l'eugénisme et au clonage »[1]. De plus, pour le ministre de la Santé, il était impossible de lier l'interdiction du clonage au crime contre l'humanité au motif qu'il était impossible pour la France de modifier unilatéralement le périmètre de cette dernière infraction définie à l'échelle internationale[2]. En adoptant un dispositif particulièrement sévère et autonome en matière de bioéthique médicale, il s'agissait de servir de point d'appui à l'élaboration d'un instrument international réprimant spécialement le clonage reproductif. À ce jour, aucun texte contraignant n'a été adopté en ce sens à l'échelle internationale.

Pour certains, le législateur a été bien inspiré de dissocier nettement le crime contre l'humanité et le crime contre l'espèce humaine[3]. Ainsi, le premier prendrait l'humain en son entier *intensif,* dans ce qu'il aurait de plus élevé – à savoir, sa spiritualité. À l'inverse, le second, le crime contre l'espèce humaine, serait limité à la totalité extensive des êtres humains. La dimension spirituelle de l'humain ne serait pas exclue ici, mais elle n'aurait aucune incidence particulière dans la conception de l'humanité que se fait la loi pénale. Autrement dit, le crime contre l'humanité et le crime contre l'espèce humaine fonctionnerait « à fronts renversés »[4].

1. P.-L. Fagniez, Rapport AN n° 761, 1er avril 2003, p. 23.
2. J.-F. Mattéi, *in* Rapport Fagniez préc., p. 27 ; sur la définition internationale du crime contre l'humanité, cf. chap. I.
3. A. Sériaux, *L'humanité au tourniquet de la peine. Mélanges R. Gassin,* Aix-Marseille, PUAM, 2007, p. 315.
4. *Ibid.*

b) Approche technique. Au-delà de l'approche idéologique relative à ces incriminations, une **différence technique** existe entre elles quant à leur définition respective. En effet, alors que le crime contre l'humanité suppose une « attaque généralisée et systématique dirigée contre toute population civile » (sur ce critère, cf. chap. I), en revanche, le crime contre l'espèce humaine peut être caractérisé même en cas de faits isolés. Cela ressort de manière explicite du Code pénal qui évoque « une » pratique eugénique (art. 214-1) et « une » intervention ayant pour but de faire naître un enfant cloné (art. 214-2).

Malgré cela, d'autres arguments invitent à rapprocher le crime contre l'espèce humaine de la catégorie matricielle de crime contre l'humanité.

B) *Rapprochement.*

a) Approche technique. Dans une approche purement technique, il existe une proximité indéniable entre, d'une part, les crimes d'eugénisme et de clonage reproductif, et, d'autre part, les crimes contre l'humanité, et ce à plusieurs points de vue.

D'abord, il est indéniable que la **localisation** des crimes contre l'espèce humaine aux côtés des crimes contre l'humanité dans un titre spécifique du Code pénal caractérise un lien de parenté entre les deux types d'incrimination.

Ensuite, du point de vue de la **peine,** il est vrai que les crimes contre l'humanité sont punis de la réclusion criminelle à perpétuité, alors que les crimes contre l'espèce humaine relèvent de la réclusion trentenaire. Pour autant, la circonstance aggravante de commission des crimes d'eugénisme et de clonage reproductif en bande organisée élève la peine encourue à la réclusion criminelle à perpétuité (art. 214-4 du Code pénal), soit le maximum des peines envisageables. Or, plus forte est la peine qui sanctionne l'atteinte à une valeur, et plus cette valeur occupe une place importante dans la hiérarchie des intérêts sociaux pénalement protégés.

Ensuite encore, s'agissant de la **prescription de l'action publique,** si elle est imprescriptible en matière de crime contre l'humanité (art. 213-5 du Code pénal) et de trente ans en cas de crime contre l'espèce humaine, toujours est-il qu'en cas de clonage reproductif ayant conduit à la naissance d'un enfant le délai trentenaire ne commence à courir qu'à compter de la majorité de l'enfant. Par conséquent, la durée totale de la prescription de l'action publique pour clonage reproductif avec naissance d'un enfant atteint quarante-huit ans.

Enfin, quant à la **définition du crime d'eugénisme,** il se pourrait que seule l'organisation d'un eugénisme collectif soit sanctionnée. L'expression de « pratique eugénique » semblerait désigner une manière habituelle d'agir. En outre, ladite pratique, pour constituer un crime, doit tendre à « l'organisation de la sélection des personnes », ce qui nécessite, semble-t-il, des actions non isolées parce qu'organisées et orientées dans un but sélectif à l'encontre de plusieurs personnes. En d'autres termes, la frontière apparaît bien mince entre le crime d'eugénisme et le crime contre l'humanité pour actes inhumains de l'article 212-1 du Code pénal. Dès lors, l'instauration d'un crime contre l'espèce humaine détaché de la notion de crime contre l'humanité ne conduit-elle pas à compliquer le droit pénal, avec un risque d'éventuels concours ou cumuls de qualifications avec les faits incriminés au titre du crime contre l'humanité ? Un tel risque de confusion est difficilement acceptable dans une matière où le maximum de clarté s'impose pour d'évidentes raisons de sécurité juridique.

b) Approche idéologique. Dans une approche idéologique, certains arguments conduisent à s'interroger sur l'opportunité de fondre le contenu du crime contre l'espèce humaine dans la qualification de « crime contre l'humanité ».

En dissociant l'espèce humaine de l'humanité, on sépare l'évolution biologique (l'hominisation) de l'apprentissage humaniste (l'humanisation) avec un risque corrélatif de favoriser l'inhumanité. C'est pourquoi il est proposé de **réunifier l'espèce humaine et l'humanité** par le biais d'une extension de la définition du crime contre l'humanité destiné à englober les crimes d'eugénisme et de clonage.

L'intégration des crimes contre l'espèce humaine au sein de la catégorie de crime contre l'humanité pourrait se faire à deux niveaux.

Dans un premier temps, à l'échelle internationale, plusieurs voies sont envisageables. Il est possible de faire évoluer le statut de la Cour pénale internationale, indirectement, par le biais d'une lecture extensive des « autres actes inhumains » au sein des crimes contre l'humanité (art. 7, *k*), ou, directement, par l'ajout d'un alinéa dans cette catégorie faisant référence à l'eugénisme scientifique et au clonage reproductif. Il est également envisageable d'adopter une convention dans le cadre des Nations Unies, interdisant explicitement les pratiques eugéniques liées aux sciences de la vie et le clonage reproductif au titre des crimes contre l'humanité, et de créer à cet effet un tribunal *ad hoc* pour connaître de ces infractions lorsque les juridictions nationales n'auraient pas les moyens ou la volonté d'agir. Une telle évolution à l'échelle internationale pourrait servir de force d'entraînement pour les législateurs nationaux.

Dans un second temps, en droit français, la réforme de la loi de bioéthique de 2004 initialement prévue pour 2009 et finalement reportée à 2010, serait l'occasion de mettre un terme à l'autonomie des crimes contre l'espèce humaine par un remaniement du plan du Code pénal qui inclurait sous la seule bannière des crimes contre l'humanité les incriminations traditionnelles complétées par les crimes d'eugénisme et de clonage reproductif.

Une telle évolution est rendue possible par l'identité de valeurs protégées par la sanction des crimes contre l'espèce humaine et des crimes contre l'humanité.

3. **Les valeurs protégées.** – Dans une approche éthique de la responsabilité pénale, les incriminations permettent de dégager les valeurs implicitement protégées par la société. La sanction des crimes contre l'espèce humaine fait apparaître, en creux, la protection de la personne humaine et de son éminente dignité ; les mêmes valeurs que celles protégées par la sanction des crimes contre l'humanité.

A) *Primauté de la personne.* – Les crimes contre l'espèce humaine appartiennent, avec les crimes contre l'humanité, au deuxième livre du Code pénal consacré aux « Crimes et délits contre les personnes ». Cela illustre la place première qu'occupe la personne dans notre ordre de valeurs. En ce sens, le Code civil énonce explicitement que « la loi assure la primauté de la personne » (art. 16). Le droit français organise ainsi une forme de hiérarchie de valeurs dont la personne occupe la première place. La primauté de la personne emporte la supériorité de principe des êtres humains sur les choses[1].

Ainsi, derrière la sanction de l'eugénisme et du clonage reproductif, il s'agirait de protéger la personne. En réalité, bien au-delà de la personne, par nature individuelle, c'est davantage l'humanité de la personne, par nature collective, qu'il convient de garantir, c'est-à-dire la dignité humaine.

B) *Dignité humaine.* – Le principe de dignité humaine revêt une double nature, à la fois philosophique et juridique.

D'un **point de vue philosophique,** la notion de dignité trouve ses racines dans la philosophie kantienne opérant une distinction entre « ce qui a un prix et ce qui a une dignité »[2]. La dignité fonde l'impératif catégorique qui impose à tout homme d' « agir de telle sorte que tu traites l'humanité aussi bien dans ta personne que dans la personne de tout autre, toujours en

1. D. Fenouillet, « Protection de la personne », *J.-Cl. civil,* art. 16 à 16-12.

2. E. Kant, *Fondement de la métaphysique des mœurs,* Paris, Vrin, 1980, p. 113.

même temps comme une fin et jamais comme un moyen ». Au-delà, la dignité sert de prémisses à deux principes : celui de la singularité de chaque être humain et celui de l'égalité des êtres humains indépendamment des particularités de chacun[1]. Or, face aux progrès des biotechnologies, un eugénisme libéral sonnerait le glas de l'autonomie et de l'égalité, soit finalement de l'identité du genre humain[2].

D'un **point de vue juridique,** la présence du principe de dignité humaine en lien avec les pratiques biomédicales est remarquable à une triple échelle.

D'abord, en droit international, le principe est inscrit dans la Déclaration universelle sur le génome humain et les droits de l'homme du 11 novembre 1997 dont l'article 2 dispose que « chaque individu a droit au respect de sa dignité et de ses droits, quelles que soient ses caractéristiques génétiques », et précise que « cette dignité impose de ne pas réduire les individus à leurs caractéristiques génétiques et de respecter le caractère unique de chacun et leur diversité ». Par ailleurs, la Déclaration des Nations Unies sur le clonage des êtres humains du 8 mars 2005 décrit « toutes les formes de clonage humain » comme étant « incompatibles avec la dignité humaine et la protection de la vie humaine ». On trouve le même principe au premier rang de la Déclaration universelle sur la bioéthique et les droits de l'homme du 19 octobre 2005.

1. M. Delmas-Marty, « Le crime contre l'humanité », *RSC,* 1994, p. 477. Voir *infra,* Conclusion.
2. J. Habermas, *L'avenir de la nature humaine,* Paris, Gallimard, 2002.

Ensuite, à l'échelle européenne, le protocole additionnel à la Convention d'Oviedo sur les droits de l'homme et la biomédecine, portant interdiction du clonage des êtres humains du 12 janvier 1998, édicte que « l'instrumentalisation de l'être humain par la création délibérée d'êtres humains génétiquement identiques est contraire à la dignité de l'homme et constitue un usage impropre à la biologie et à la médecine ».

Enfin, en France, la multiplicité des risques liés à l'extension du pouvoir biomédical a incité le législateur à interdire en 1994 « toute atteinte à la dignité » (art. 16 du Code civil).

La **force juridique** du principe de dignité humaine est la plus élevée qui soit, puisque ce principe revêt une valeur constitutionnelle (Cons. const., 27 juill. 1994). Au-delà, ce principe représente une « valeur absolue qui ne saurait supporter la moindre limitation »[1]. Cette valeur universelle justifie donc que, sur le terrain de la responsabilité pénale, la violation de la dignité représente l'interdit suprême en ce qu'elle touche bien plus que la vie de l'individu[2]. Cela explique la place des crimes contre l'espèce humaine et des crimes contre l'humanité au sommet de la hiérarchie des incriminations pénales. En effet, les pratiques eugéniques comme le recours à la technique de clonage reproductif conduisent à la négation du prin-

1. N. Lenoir, « Respect de la vie et droit du vivant », *L'éthique du vivant,* Paris, Unesco, 1998, p. 175.

2. M. Delmas-Marty, *Pour un droit commun,* Paris, Le Seuil, 1994.

cipe de dignité humaine. Les premières, dans la mesure où elles conduisent à la création de surhommes et de sous-hommes violant ainsi le principe d'égalité des êtres humains quelles que soient leurs caractéristiques, notamment génétiques. Le clonage reproductif, parce que, en créant des êtres génétiquement identiques, porte atteinte au principe de singularité de chaque être humain. Par ailleurs, dans ce cas, l'être humain est traité comme un simple moyen au service d'une fin, telle la création d'un réservoir d'organes, niant la valeur intrinsèque de la personne. Avec le recours au clonage reproductif, il existe également un risque d'exploitation des femmes dont les ovocytes sont nécessaires à la création d'un enfant cloné (Déclaration des Nations Unies sur le clonage des êtres humains, 8 mars 2005).

Le constat d'une identité de valeurs protégées par les crimes contre l'espèce humaine et les crimes contre l'humanité renforce l'idée d'une fusion de ces deux catégories d'incrimination en une seule, celle de crimes contre l'humanité. À l'inverse, le constat d'une différence de valeurs protégées par la reconnaissance du crime contre l'environnement devrait conduire à autonomiser cette infraction par rapport aux crimes contre l'humanité.

II. – **Le crime contre l'environnement**

Le paradigme de crime contre l'environnement est en pleine construction. Pour les comportements les plus gravement attentatoires à l'environnement naturel, cette infraction se placerait au plus haut niveau de la hiérarchie des incriminations pénales. Du point de vue des valeurs, son assimilation au crime contre l'humanité pourrait s'expliquer par le rattachement de l'environnement naturel à la notion de patrimoine commun de l'humanité déjà présente en droit international.

1. **Les incriminations pénales.** – Il existe un mouvement croissant de pénalisation des comportements humains présentant un risque pour l'environnement. En particulier, les agissements les plus graves font l'objet d'incriminations qui pourraient bien hisser le crime contre l'environnement à un rang équivalent au crime contre l'humanité. Ce mouvement est remarquable à plusieurs niveaux : interne, communautaire et international.

A) *Droits nationaux.*

a) Droit français : crime de terrorisme écologique. Le nouveau Code pénal français issu de la loi du 22 juillet 1992 a créé un crime autonome propre à protéger la nature : le crime de terrorisme écologique. Cette infraction consiste à « introduire dans l'atmosphère, sur le sol, dans le sous-sol, dans les aliments ou les composants alimentaires ou dans les eaux, y compris celles de la mer territoriale, une substance de nature à mettre en péril la santé de l'homme ou des animaux ou le milieu naturel » (art. 421-2 du Code pénal). Cette disposition conforte l'idée suivant laquelle l'équilibre du milieu naturel et de l'environnement fait partie des « intérêts fondamentaux de la Nation » visés par le Code pénal (art. 410-1).

Le crime de terrorisme écologique suppose non seulement l'intention de commettre les comportements énumérés, mais encore une intention en relation avec une entreprise individuelle ou collective orientée vers un résultat déterminé, appelé dol spécial – à savoir, « troubler gravement l'ordre public par l'intimidation ou la terreur »[1]. Le droit français se distingue ici de la Convention des Nations Unies adoptée le 13 avril 2005 sur la répression des actes de terrorisme nucléaire, puisque ce texte définit comme commettant une infraction « toute personne qui, illicitement ou intentionnellement, emploie de quelque manière que ce soit des matières ou engins radioactifs, ou utilise ou endommage une installation nucléaire de façon à libérer ou risquer de libérer des matières radioactives dans l'intention [...] de causer des dégâts substantiels [...] à l'environnement » (art. 2).

À titre d'illustration, le crime de terrorisme écologique du droit français serait sans doute constitué si un groupement terroriste répandait dans l'atmosphère une substance radioactive ou un virus occasionnant de graves atteintes à toutes les formes de vies, humaines comme non humaines, et ce dans le dessein de déstabiliser un État.

Un tel crime est lourdement sanctionné, puisqu'il est passible de vingt ans de réclusion criminelle et de 350 000 € d'amende (art. 421-4 du Code pénal). Cette infraction représente un signe fort dans le sens d'un renforcement de la protection pénale de l'environne-

1. R. Nérac-Croisier (dir.), *Sauvegarde de l'environnement et droit pénal,* Paris, L'Harmattan, 2005.

ment *per se,* étant observé que le terrorisme écologique entre dans la catégorie des infractions les plus graves, les crimes, et qu'il peut être constitué indépendamment de toute destruction de vies humaines. Nul doute que le crime de terrorisme écologique revêt une forte dimension symbolique. Pour autant, la possibilité de caractériser ce crime est réduite, eu égard à la nécessité d'établir que les agissements en question sont en relation avec une entreprise individuelle ou collective ayant pour but de troubler gravement l'ordre public. À ce jour, aucune poursuite n'a été engagée sur ce fondement en France.

Face à la portée limitée du crime de l'article 421-2 du Code pénal et en l'absence d'incrimination générale protectrice de l'environnement en droit français, il a été proposé de créer dans le Code pénal un délit spécifique d'atteinte à l'environnement ainsi qu'un délit autonome de mise en danger d'autrui dans le cadre des atteintes d'origine environnementale à la santé (propositions 55 et 58, Rapport Lepage sur la gouvernance écologique, remis au ministre de l'Écologie le 1er février 2008). Ces propositions ne vont pas jusqu'à faire entrer dans le Code pénal français un véritable crime contre l'environnement, qui sanctionnerait les comportements volontaires à l'origine d'une altération substantielle de l'environnement, indépendamment de toute entreprise terroriste. Pourtant, à l'étranger, un tel crime existe déjà.

b) Droit russe : le crime d'écocide. Le droit pénal russe va loin dans la criminalisation des comportements néfastes pour l'environnement. En effet, le Code pénal de la Fédération de Russie du 13 juin 1996 comporte un article 358 intitulé « Écocide ». Ce crime d'écocide s'entend de la destruction massive de la vie végétale ou animale, de l'empoisonnement de l'atmosphère ou de l'eau, ainsi que d'autres actions qui pourraient causer une catastrophe écologique. Cette infraction est punie de la réclusion criminelle d'une durée comprise entre douze et vingt ans. Ce faisant, la valeur de l'environnement est hissée au plus haut niveau des intérêts de l'humanité. Pour preuve, le crime d'écocide fait directement suite au crime de génocide (art. 357) dans le Code pénal russe, et les deux incriminations appartiennent au même chapitre 34 relatif aux « Crimes contre la paix et la sécurité de l'humanité ». À l'avenir, l'exemple russe pourrait inspirer d'autres droits nationaux. En tous les cas, l'idée d'un renforcement du traitement pénal des activités gravement préjudiciables pour l'environnement trouve un relais sérieux à l'échelle communautaire.

B) *Droit communautaire.* – Le Parlement européen et le Conseil de l'Union européenne ont adopté la **directive du 19 novembre 2008** relative à la protection de l'environnement par le droit pénal afin de faire face à l'extension de la criminalité environnementale. Au titre des considérants de ladite directive, il est avancé que « les systèmes de sanction existants ne suffisent pas à garantir le respect absolu de la législation en matière de protection de l'environnement » ; or ce respect « doit être renforcé par l'existence de sanctions pénales qui reflètent une désapprobation de la société ». Une harmonisation européenne de la politique pénale environnementale s'impose d'autant plus qu'il importe d'empêcher les délinquants écologiques d'exploiter à leur avantage les écarts significatifs de sanctions existant d'un État à un autre. En dehors de l'Europe, pour éviter que les criminels environnementaux profitent d'un certain *dumping* environnemental, l'Agence américaine de protection de l'environnement (EPA) a, par exemple, diffusé en 2008, *via* l'Internet, une liste des 23 suspects les plus recherchés pour crimes contre l'environnement comme la contrebande de produits chimiques dangereux ou encore le déversement de déchets dangereux dans les océans et les rivières.

Les **infractions environnementales** prévues par la directive communautaire couvrent une vaste gamme d'actes ou d'omissions qui causent ou sont susceptibles de causer une dégradation substantielle à l'environnement. Cela concerne notamment les émissions illicites de substances dangereuses comme des radiations ionisantes dans l'atmosphère, le sol ou les eaux, de même que le transfert illicite de déchets ou le commerce illicite d'espèces de faune et de flore sauvages protégées (art. 3). Par exemple, une affaire comme celle du *Probo Koala* serait couverte par la directive si elle avait lieu dans l'Union européenne. Il s'agit d'un navire immatriculé au Panama, appartenant à une compagnie grecque et affrété par la société hollandaise et suisse Trafigura, qui transportait plus de 500 t de déchets toxiques volontairement déversés en 2006 autour d'Abidjan, par souci d'économie, et à l'origine d'une véritable catastrophe environnementale, de l'intoxication de 6 000 personnes et de la mort de 10 personnes (*Le Monde,* 1er octobre 2008).

Quant aux **sanctions** applicables en cas d'infractions commises au détriment de l'environnement, la directive reste assez vague dans la mesure où elle ne définit pas le *quantum* des peines applicables. Elle invite simplement les États membres à prévoir des « sanctions pénales effectives, proportionnées et dissuasives ».

La directive communautaire de 2008 qui doit faire l'objet d'une transposition en droit interne avant le 26 décembre 2010 montre une volonté certaine de renforcer la protection pénale de l'environnement en tant que tel. Pour autant, à l'échelle européenne, on est loin d'avoir franchi le pas qui consisterait à hisser les crimes contre l'environnement au niveau du crime contre l'humanité. Une telle promotion du crime contre l'environnement pourrait provenir, en revanche, du droit international.

C) *Droit international.* – En droit international pénal, le Statut de la CPI entré en vigueur en 2002 permet de sanctionner les comportements gravement attentatoires à l'environnement naturel, soit indirectement par le biais d'incriminations générales, soit directement par le biais d'une incrimination spécifique[1].

En premier lieu, le **crime de génocide** (art. 6 du Statut) et le **crime contre l'humanité** (art. 7 du Statut) peuvent être adaptés à la répression d'atteintes criminelles à l'environnement ayant des répercussions sanitaires d'une exceptionnelle gravité. S'agissant du génocide, il serait constitué en cas de contamination de l'environ-

1. D. Guillard, *Les armes de guerre et l'environnement naturel*, Paris, L'Harmattan, 2006.

nement naturel par des substances dangereuses destinées à détruire, en tout ou partie, un groupe national, ethnique, racial ou religieux. Dans le même ordre d'idées, l'empoisonnement de l'eau commis volontairement, dans le cadre d'une attaque généralisée ou systématique contre une population civile et à l'origine de nombreuses victimes, pourrait être qualifié de crime contre l'humanité, indépendamment même de tout conflit armé. Quoi qu'il en soit, il ne s'agirait pas ici de protéger l'environnement en tant que tel, mais les êtres humains. En effet, le génocide et le crime contre l'humanité seraient ici causés *via* l'**environnement,** ce dernier étant le **vecteur** de **comportements criminels.**

En second lieu, les comportements à l'origine de graves atteintes à l'environnement indépendantes de toute répercussion sanitaire font l'objet d'une incrimination spécifique dans le Statut de la CPI. En effet, parmi les crimes de guerre, le Statut de Rome comporte un **crime de guerre par attaque délibérée de l'environnement naturel.** Cela recouvre le fait de « diriger intentionnellement une attaque en sachant qu'elle causera incidemment [...] des dommages étendus, durables et graves à l'environnement naturel qui seraient manifestement excessifs par rapport à l'ensemble de l'avantage militaire concret et direct attendu » (art. 8, al. 2 *b,* iv).

À titre d'**illustration,** l'incrimination de crime de guerre par attaque délibérée de l'environnement naturel pourrait être retenue à l'avenir dans le cas où des belligérants opéreraient une destruction massive de puits de pétrole à l'origine d'une grave pollution environnementale, à l'image de ce qui a eu lieu lors de l'invasion du Koweit par l'Irak en 1990. D'ailleurs, à la suite de ce conflit, la résolution 687 du Conseil de sécurité de l'ONU du 3 avril 1991 a prévu que « l'Irak [...] est responsable, en vertu du droit international, de toutes les pertes, de tous les dommages, y compris les atteintes à l'environnement et le gaspillage délibéré des ressources naturelles directement imputables à l'invasion et à l'occupation du Koweit ». De même, on pourrait qualifier de crime de guerre l'épandage massif de produits chimiques à l'origine de l'altération durable de l'environnement, comme cela s'est produit dans les années 1960 avec l'utilisation de l'agent orange par l'armée américaine sur la forêt vietnamienne. Au-delà de ces exemples, il est à noter que le crime de guerre par attaque délibérée de l'environnement naturel permet aussi de toucher des actes isolés n'ayant pas une ampleur permettant de les qualifier de crime de génocide ou de crime contre l'humanité[1].

La criminalisation par le Statut de Rome des comportements gravement attentatoires à l'environnement pris en tant que tel est **remarquable dans la justice pénale internationale.** En effet, cette infraction est absente des statuts des tribunaux pénaux internationaux *ad hoc* pour l'ex-Yougoslavie (1993, TPIY) et pour le Rwanda (1994). Pour autant, on a pu soutenir à propos du Statut du TPIY que, même s'il ne traite pas directement de la protection de l'environnement, son article 3 dispose que « le tribunal international est compétent pour poursuivre les personnes qui com-

1. *Ibid.*, p. 332.

mettent des violations des lois ou coutumes de guerre [...] »[1]. Or la préservation de l'environnement pourrait bien revêtir force coutumière en cas de conflit, à la suite de l'article 8, alinéa 2 *b,* iv du Statut de la CPI.

Quoi qu'il en soit, la **portée** de la qualification de « crime de guerre » par attaque délibérée de l'environnement naturel **doit être nuancée.** Elle ne joue qu'en cas de conflit armé international et ne concerne que les attaques volontaires qui entraîneraient des dommages disproportionnés par rapport à l'avantage militaire escompté. Reste à savoir où les juges placeront le curseur du caractère disproportionné des dommages à l'environnement. L'enjeu militaire du présent, ne l'emportera-t-il pas le plus souvent sur l'enjeu environnemental de l'avenir ?

En dehors du droit international pénal, d'**autres textes de droit international** interdisent spécifiquement d'attenter gravement à l'environnement en cas de conflits armés, sans pour autant prévoir de sanctions en cas de transgression. Il en va ainsi du Protocole du 8 juin 1977 additionnel aux Conventions de Genève de 1949 relatif à la protection des victimes des conflits armés internationaux, qui comporte des dispositions spécifiques relatives à la « protection de l'environnement ». En particulier, l'article 55 dispose que la guerre doit être « conduite en veillant à protéger l'environnement naturel contre des dommages étendus, durables et graves. Cette protection inclut l'interdic-

1. *Ibid.,* p. 293.

tion d'utiliser des méthodes ou moyens de guerre conçus pour causer ou dont on peut attendre qu'ils causent de tels dommages à l'environnement naturel, compromettant, de ce fait, la santé ou la survie de la population » et ajoute que « les attaques contre l'environnement naturel à titre de représailles sont interdites » (cf. aussi l'art. 35, § 3). Ce protocole a été ratifié par la France en 2001. Dans le prolongement de ce texte, les Nations Unies ont adopté, le 10 décembre 1976, la Convention sur l'interdiction d'utiliser des techniques de modification de l'environnement à des fins militaires ou toutes autres fins hostiles (Convention ENMOD). Les comportements prohibés sont ceux « ayant pour objet de modifier – grâce à une manipulation délibérée de processus naturels – la dynamique, la composition ou la structure de la Terre » (art. 2). À ce jour, ce texte a été ratifié par une minorité de pays, à l'exclusion notamment de la France et des États-Unis.

2. **Les valeurs protégées.** – Il existe deux approches différentes susceptibles de justifier le mouvement de pénalisation de la criminalité environnementale. La première relève de l'écologie humaniste, et vise à protéger la valeur du patrimoine commun de l'humanité. La seconde accorde une valeur intrinsèque au vivant non humain.

A) *Le patrimoine commun de l'humanité.*

a) Rapport historique entre le patrimoine commun de l'humanité et l'environnement. Dans une première approche, la criminalisation des comportements intentionnels gravement attentatoires à l'environnement pourrait refléter, en négatif, la protection de l'environnement comme patrimoine commun de l'humanité. En ce sens, historiquement la notion de patrimoine commun de l'humanité est apparue pour la première fois dans un texte de droit international destiné à protéger l'environnement et plus précisément les fonds marins (point 1 de la Déclaration des Nations Unies du 17 décembre 1970 sur les principes régissant le fond des mers et des océans). Ce n'est que dans un second temps que la catégorie de patrimoine commun de l'humanité a été étendue aux biens culturels (Convention concernant la protection du patrimoine mondial, culturel et naturel, 16 novembre 1972), à la Lune et autres corps célestes (art. 11, Accord régissant les activités des États sur la Lune et les autres corps célestes, 18 décembre 1979), ainsi qu'au génome humain (art. 1, Déclaration universelle sur le génome humain et les droits de l'homme du 11 novembre 1997). Traditionnellement la qualification de « patrimoine commun de l'humanité » implique l'interdiction de toute appropriation nationale ou privée, la dévolution de tous les droits sur les ressources à l'humanité entière, et leur utilisation à des fins exclusivement pacifiques. À cela s'ajouterait donc la prohibition des comportements gravement attentatoires à l'environnement.

En **droit interne,** la référence au patrimoine commun de l'humanité ou à des notions proches est désormais courante dans les textes attachés à la protection de l'environnement. Ainsi le Code de l'environnement prévoit-il que « les espaces, ressources et milieux naturels, les sites et paysages, la qualité de l'air, les espèces animales et végétales, la diversité et les équilibres biologiques auxquels ils participent font partie du patrimoine commun de la nation » (art. L. 110-1). Quant à la Charte de l'environnement adossée à la Constitution en 2005, elle dispose dans son troisième considérant que « l'environnement est le patrimoine commun des êtres humains ». Le rapprochement des notions d'environnement et de patrimoine commun de l'humanité pourrait même donner naissance à la notion nouvelle de « patrimoine naturel de l'humanité »[1].

b) Extension de la responsabilité humaine. À l'heure où l'on réfléchit au renforcement des sanctions en matière de criminalité environnementale, le rattachement de l'environnement naturel au patrimoine commun de l'humanité permettrait de fonder une responsabilité humaine qui épouse les caractères de la notion de patrimoine. Cela conduirait à une extension de notre responsabilité afin de dépasser le simple (tel espace, tel animal...) pour englober le complexe (l'écosystème, l'espèce...), et d'aller au-delà du local et de l'actuel pour comprendre le global et le futur[2]. Pour autant, une approche purement humanitaire et donc subjective de la protection de l'environnement par le biais du paradigme de patrimoine commun de l'humanité n'est-elle pas trop étriquée pour permettre une protection optimale de l'environnement par le biais du droit pénal ? Une telle protection ne passe-t-elle

1. A. Micoud, « Du patrimoine de l'humanité comme symptôme », *Droit et société,* 1995, p. 265.

2. F. Ost, *La nature hors la loi,* Paris, La Découverte, 1995, p. 306.

pas plutôt par une reconnaissance de la valeur intrinsèque de l'environnement, c'est-à-dire du vivant non humain ?

B) *La protection du vivant.*

a) Valeur intrinsèque du vivant. Dans une seconde approche, l'incrimination des comportements mettant gravement en danger l'environnement pourrait s'analyser comme une volonté de hisser la valeur environnementale au sommet des valeurs protégées par le droit, indépendamment des rapports entre l'environnement et l'être humain, et à côté du principe de respect de la dignité humaine.

D'un point de vue **pragmatique,** cela se justifie par le fait que l'intérêt d'une préservation durable de l'environnement est loin de toujours coïncider avec les intérêts présents des êtres humains.

D'un point de vue **philosophique,** Hans Jonas écrivait dans son *Principe responsabilité* que la « considérable extension de la portée causale de nos actes » nous rend responsables de la nature[1]. Pour l'auteur, cela commande à l'homme de respecter l'intégrité de la nature « par-delà son aspect utilitaire » – autrement dit, de la respecter pour elle-même. Dans le même sens, le sociologue français Edgar Morin affirme que « la prise de conscience de notre responsabilité de la vie nous fait surgir cette finalité primordiale : défendre, protéger et même sauver la vie »[2].

1. H. Jonas, *Le principe responsabilité. Une éthique pour la civilisation technologique,* Paris, Le Cerf, 1995, p. 180.

2. E. Morin, *La méthode,* 2. *La vie de la vie,* Paris, Le Seuil, 1980, p. 430.

b) Justifications éthiques : communauté de destin-solidarité humaine renouvelée-propre de l'homme : être responsable. La justification éthique de la protection intrinsèque de l'environnement par le droit pénal pourrait être la communauté de destin qui unit l'homme et le reste du vivant[1]. L'extension de la responsabilité pénale de l'homme trouverait alors comme fondement un principe de « solidarité humaine » renouvelée, enracinée dans la « conscience de notre appartenance au complexe commun tissé par l'ère planétaire » et dans l'idée que « nous sommes solidaires de cette planète, notre vie est liée à sa vie »[2]. À cela, on peut ajouter que le propre de l'homme consiste dans le fait qu'il est le seul être vivant apte à assumer une responsabilité et conscient de cette condition (Préambule de la Déclaration universelle sur la bioéthique, 2005). Toutes ces idées invitent à dépasser l'approche seulement humaniste de la protection de l'environnement et à protéger l'intérêt objectif du vivant, indépendamment de sa relation avec l'humanité. Une telle approche de l'environnement trouve un relais certain en droit.

Vers un **principe général de respect du vivant.** – Dès 1982, la Charte mondiale de la nature affirmait que « toute forme de vie est unique et mérite d'être respectée quelle que soit son utilité pour l'homme, et afin de reconnaître aux autres organismes vivants cette valeur intrinsèque, l'homme doit se guider sur un code moral d'action ». De plus, la Déclaration de

1. E. Morin, B. Kern, *Terre patrie,* Paris, Le Seuil, 1993, p. 212.
2. *Ibid.,* p. 213.

Rio sur l'environnement et le développement de 1992 affirme que « la Terre, foyer de l'humanité, constitue un tout marqué par l'interdépendance ». Dernièrement encore, la Déclaration universelle sur la bioéthique adoptée en 2005 dans le cadre de l'Unesco a consacré un principe de « protection de l'environnement, de la biosphère et de la biodiversité » aux termes duquel, notamment, « il convient de prendre dûment en considération l'interaction entre les êtres humains et les autres formes de vie [...] ainsi que le rôle des êtres humains dans la protection de l'environnement, de la biosphère et de la biodiversité » (art. 17). On retrouve ici l'idée de communauté de destin entre toutes les formes de vie et celle de capacité spécifique des êtres humains à être responsable de la protection de l'environnement. Or la protection du vivant ne devrait pas s'édifier aux limites de l'humanité mais aux frontières du vivant. Cela nous achemine vers la reconnaissance d'un principe de respect du vivant[1], dans lequel le vivant est une valeur de nature objective. Cela rejoint la proposition de reconnaissance de la notion de « centres d'intérêt » – une nouvelle catégorie juridique intermédiaire entre les personnes et les biens[2]. De l'aveu même de son auteur, la notion de centres d'intérêt permettrait de renforcer « la protection raisonnable de l'environnement, [...] du vivant » et de « reconnaître de nouvelles

1. L. Neyret, *Atteintes au vivant et responsabilité civile,* Paris, LGDJ, 2006, n° 675.

2. G. Farjat, « Entre les personnes et les choses, les centres d'intérêt », *RTD civ.,* 2002, p. 221.

solidarités et étendre le domaine de la responsabilité aux nouveaux lieux de pouvoir ».

La reconnaissance du principe de respect du vivant fait donc de l'environnement naturel une valeur protégée, qui permet d'étendre le champ de nos responsabilités en raison de notre communauté de destin avec toutes les formes de vie, elle-même à l'origine d'une extension de la solidarité humaine, et de notre capacité propre à assumer nos responsabilités.

3. **La mise en perspective du crime contre l'environnement et du crime contre l'humanité.** – Dans une approche allant de l'éthique au droit, selon que l'on choisit de criminaliser les comportements gravement attentatoires à l'environnement, soit comme moyen de protection indirecte de l'environnement par le biais du paradigme de patrimoine commun de l'humanité, soit comme moyen de protection directe de l'environnement en considération de la valeur intrinsèque du vivant non humain, on est conduit respectivement à fusionner les crimes les plus graves contre l'environnement au sein du paradigme de crime contre l'humanité, ou bien à les distinguer.

A) *Rapprochement.* – Dans une approche purement humanitaire de l'environnement, dès lors que l'on considère la préservation du patrimoine commun de l'humanité comme cause de justification de la sanction des crimes contre l'environnement, il serait envisageable de **rattacher les crimes contre l'environnement les plus graves au paradigme de crime contre l'humanité.** Cela aboutirait à distinguer au sein de la catégorie de « crime contre l'humanité », d'un côté, les crimes contre les personnes et, de l'autre, les crimes contre l'environnement.

En ce sens, et alors que l'année 2009 est celle de la révision du Statut de la CPI, il a été proposé d'ajouter aux occurrences de « crimes contre l'humanité » de l'article 7 du Statut de Rome une incrimination des comportements à l'origine d'atteintes à l'environnement. Ainsi, pour les auteurs de la Déclaration pour la sauvegarde et la protection juridique de l'environnement[1], il s'agirait de sanctionner « tout comportement intentionnel, qu'il soit individuel, collectif ou effectué au titre de personnes morales, causant une atteinte grave et irréversible à l'environnement naturel composante du patrimoine commun de l'humanité, qu'elle ait ou non pour effet ou pour objet de porter une atteinte directe ou indirecte, intentionnellement ou non, à une population civile ». En rattachant ce crime contre l'environnement à la catégorie de « crime contre l'humanité » plutôt qu'au seul crime de guerre, on permettrait alors de sanctionner les criminels environnementaux en dehors de tout conflit armé.

Critique. Pour autant, une telle extension de la catégorie de crime contre l'humanité supposerait d'en imaginer une définition qui mêle des intérêts humains et des intérêts non humains, ce qui est loin d'être évident et risque de desservir l'exigence de visibilité et de cohérence du paradigme de crime contre l'humanité. Une telle difficulté de définition n'est-elle pas le révélateur qu'avec les crimes contre l'environnement les plus

1. *Les Petites Affiches,* 21 août 2008.

graves on atteint les limites de la préservation de l'humanité comme valeur et que l'on glisse alors vers la préservation du vivant non humain en tant que tel ? Si tel était le cas, on ouvrirait la voie à l'autonomie du crime d'écocide.

B) *Éloignement.*

Pour une autonomie du crime contre l'environnement ou crime d'écocide. Avec les crimes les plus graves contre l'environnement, il est moins question de déshumanisation que de dénaturation, comme l'illustre le mouvement grandissant favorable à la reconnaissance de la valeur intrinsèque du vivant non humain.

Alors que de l'identité de valeurs protégées entre les crimes contre l'espèce humaine et les crimes contre l'humanité on a prôné un rattachement des premiers aux seconds, ici, de la différence de valeurs protégées entre les crimes contre l'environnement et les crimes contre l'humanité, on propose de consacrer l'autonomie du paradigme de crime contre l'environnement.

Au sommet de la hiérarchie des intérêts protégés par le droit pénal, on trouverait alors, à côté du crime contre l'humanité, le crime contre l'environnement ou crime d'écocide. Une telle évolution du droit pourrait avoir lieu sans *a priori* hiérarchique entre l'humanité victime et l'environnement victime. Elle permettrait, par ailleurs, de préserver la cohérence du paradigme de crime contre l'humanité.

Le Statut de la CPI ou bien une convention internationale spécifique pourraient entériner l'autonomie du crime d'écocide pour les atteintes à l'environnement les plus graves qui affectent la communauté internationale. Cela impliquerait, alors, soit la création d'une chambre spécialisée en matière environnementale au sein de la CPI, soit la création d'une Cour pénale internationale de l'environnement *ad hoc* (Projet de convention portant statut de la Cour pénale internationale de l'environnement, barreau de Lyon, 2006 ; www.justicepourlaterre.com).

Dans tous les cas, l'évolution proposée de hisser les crimes contre l'environnement les plus graves au sommet de la hiérarchie des intérêts protégés par le droit pénal, soit en les intégrant dans la catégorie de « crimes contre l'humanité », soit en en faisant une catégorie autonome, devrait avoir lieu dans un premier temps à l'échelle internationale avant d'être suivie, dans un second temps, par une évolution des droits nationaux.

CONCLUSION

Mireille DELMAS-MARTY

L'humanité, chaque culture l'imagine à sa manière, mais toutes lui reconnaissent – comment faire autrement ? – une dimension collective. La difficulté est dans la façon d'articuler, ou d'opposer, le collectif et l'individuel, pour définir l'humanité comme valeur commune et répondre ainsi aux questions émergentes.

I. – L'humanité valeur commune

Les écarts entre la formation du crime contre l'humanité en droit international et sa réception en droit interne reflètent en partie la diversité des conceptions sous-jacentes.

Pour certains, l'appartenance à une communauté va jusqu'à absorber l'individu. C'est ainsi que le terme *Ubuntu,* repris dans la Constitution d'Afrique du Sud et utilisé lors des travaux de la Commission « Vérité et réconciliation » créée par Desmond Tutu[1], exprimerait « l'idée d'un homme non pas monadique, avec ses droits originaires, présociaux, intangibles et devant être respectés quoi qu'il arrive, mais un homme qui n'existe comme tel qu'à la mesure de son insertion

1. D. Tutu, *Il n'y a pas d'avenir sans pardon,* Paris, Albin Michel, 1999, p. 39.

communautaire. Si l'homme n'existe comme tel qu'en lien avec d'autres hommes, son humanité est inextricablement liée à celle des autres et, s'il en est ainsi, alors ses droits ne sauraient être pensés séparément ou en opposition à ceux des autres, mais toujours en rapport, voire en fonction d'eux »[1].

Bien que l'Afrique du Sud ait ratifié le Statut de Rome, ce qui n'est pas le cas de la Chine, cette conception peut être rapprochée de la tradition chinoise[2]. Même s'il n'y a pas d'équivalent exact du couple humain/inhumain, au sens moral, diverses notions confucéennes sont rapportées à cette notion dans un sens plus social : par exemple, le terme *ren* 仁, vertu cardinale du confucianisme que le dictionnaire Ricci traduit par « la vertu d'humanité », serait, plus étymologiquement, la vertu de « considérer un individu, une personne 人 dans son interrelation avec l'autre, ou avec deux autres 二 ». En fait d' « humanité », on a plutôt affaire à « une intersubjectivité, une empathie, une sociabilité ou, tout simplement, l'*altruisme* (peut-être la meilleure traduction de *ren*) ». Des dix crimes qualifiés d'inhumains, le plus « révélateur » serait le 5e, *Budao,* qui veut dire littéralement « ne pas être dans la voie » *(dao),* être « dévoyé », ou déviant, au sens le plus fort du terme, s'écarter de sa communauté.

Encore faudrait-il relier dimension collective et respect de l'individu. Le juriste américain David Luban

1. A. M. Dillens, E. Babissagana, La justice inopportune : aux détours de l'amnistie, *in* M. van de Kerchove (dir.), *Les droits de l'homme : bouclier ou épée ?,* Bruxelles, Bruylant, 2007.

2. J. Bourgon, *Supplices chinois,* Bruxelles, La Maison d'à côté, 2007 ; Séminaire au Collège de France, 5 mars 2007 (inédit).

tente d'y parvenir en définissant le « statut d'humain » par une double différenciation, celle des individus et celle des groupes, qui commande la double nature de l'humanité : « C'est cette double nature que le crime contre l'humanité détruit et c'est ce qui le rend inhumain. »[1] Pour bâtir sa théorie, Luban décrit l'homme comme un animal politique qui n'a d'autre alternative que de vivre en groupe, de sorte qu'en attaquant un groupe pour la seule raison qu'il existe, et un individu pour la seule raison qu'il appartient au groupe, le crime contre l'humanité transforme la relation sociale en un « cancer » qui rend impossible tout lien politique.

Mais le lien politique ne suffit sans doute pas. Réconcilier à l'échelle mondiale les droits de l'homme et la notion d'humanité-valeur implique de revenir à l'indivisibilité de tout l'ensemble des droits de l'homme. Il faudrait élargir l'analyse de Luban aux divers types de relations de l'individu à la collectivité : relation politique (de participation active à l'État), mais aussi civile (de reconnaissance juridique comme citoyen), économique (d'échange et de réciprocité), sociale (d'intégration à la société démocratique) et culturelle (d'adhésion à un ensemble de croyances).

Qu'on l'imagine formée d'animaux civils, politiques, économiques, sociaux ou culturels, l'humanité serait donc composée de façon indissociable – inextricable même, car l'une se nourrit de l'autre et réciproquement – de la singularité de chaque être humain et de son appartenance à une communauté. Mais de

1. D. Luban, *op. cit.*, p. 115-116.

quelle communauté s'agit-il ? Évoquer l'humanité-valeur dans une perspective universelle est un appel à transposer l'analyse au-delà de la famille, du clan ou de la nation, à toute la communauté humaine. C'est un appel à reconnaître à la fois la diversité des humains (celle des individus et celle des groupes humains, des communautés intermédiaires) et leur égale appartenance à la communauté humaine.

En somme, ce que l'incrimination du crime contre l'humanité signifie, c'est que l'être humain, même inscrit profondément dans un groupe, ne devrait jamais perdre son individualité et se trouver réduit à n'être plus qu'un élément interchangeable de ce groupe et rejeté comme tel[1]. Si l'être humain éprouve un besoin d'appartenance identitaire à un groupe, il ne peut être enfermé, enchaîné à son groupe sans perdre son statut au sein de l'humanité. Cette dépersonnalisation de la victime met en effet en cause l'humanité comme altérité, le terme désignant précisément à la fois la singularité de chaque homme comme être unique et son égale appartenance à la communauté humaine comme être social.

Il est clair que cette définition ne limite pas l'interdit à la destruction d'êtres humains. Bien au contraire, elle incite à inclure tout comportement qui tend *soit* à la violation du principe de singularité (exclusion pouvant aller jusqu'aux pires violences, voire l'extermination de groupes humains réduits à une catégorie

1. Voir « L'humanité saisie par le droit », *Humanité, humanitaire,* Faculté Université Saint-Louis, 1999, p. 27 et s. ; « Un concept à construire », *Le relatif et l'universel,* Paris, Le Seuil, 2004, p. 84 et s.

raciale, ethnique ou génétique, ou, à l'inverse, fabrication d'êtres génétiquement identiques, notamment par clonage) ; *soit* à celle du principe d'égale appartenance à la communauté humaine (pratiques discriminatoires, telles que l'apartheid, mais aussi création de « surhommes » par eugénisme ou de « sous-hommes » par croisement d'espèces).

De la destruction, on passe à la fabrication de la vie, illustrant ce que Foucault appelait le biopouvoir : « La plus haute fonction n'est plus de tuer mais d'investir la vie de part en part. » Droit de mort et pouvoir sur la vie pouvant conduire à « une mise en ordre eugénique de la société »[1]. Au-delà des traitements « inhumains », on en vient à concevoir le risque de traitements hors humain, ou « anhumains ». Reproduction asexuée par clonage, fabrication de chimères, les fantasmes d'hier deviennent réalisables, aujourd'hui ou demain, conduisant en France, comme on l'a vu ci-dessus, à incriminer un « crime contre l'espèce humaine » (eugénisme et clonage reproductif), au risque de séparer l'hominisation (évolution biologique) de l'humanisation (évolution éthique).

II. – Les questions émergentes

Qu'il s'agisse des biotechnologies ou de l'environnement, les questions émergentes donnent une singulière actualité à la vision prémonitoire de Kant : « Chez l'homme, les dispositions naturelles qui visent à

1. Michel Foucault, *La volonté de savoir,* Paris, Gallimard, 1970.

l'usage de sa raison ne devaient être développées complètement que dans l'espèce, mais non dans l'individu. »[1] À l'époque, le philosophe qualifiait d'étrange et même d'énigmatique « que les générations antérieures ne semblent poursuivre leur pénible labeur qu'au profit des générations ultérieures..., alors que seules les générations les plus tardives doivent avoir la chance d'habiter l'édifice auquel a travaillé une longue lignée de devanciers (il est vrai, sans l'avoir intentionnellement voulu) ». Aujourd'hui, nous sommes peut-être parvenus à un stade où c'est *intentionnellement* que nous voulons préserver l'espérance d'un monde habitable. Car les risques biotechnologiques, et plus largement les risques écologiques, nous unissent plus étroitement que jamais aux générations futures.

Mais alors, si l'on inclut les générations futures, il ne s'agit plus seulement de protéger l'humanité des crimes dirigés contre les personnes, mais de protéger, dans le prolongement des biens culturels reconnus patrimoine mondial, tous les biens, à commencer par les ressources naturelles, considérés comme collectifs. Faudra-t-il inclure dans le crime contre l'humanité la destruction de la biodiversité et plus largement encore de la biosphère, comme le propose Laurent Neyret ?

Pour répondre à la question, il faudrait s'accorder sur une perception commune de la relation de l'homme à la nature. On se souvient des mots très durs de Claude Lévi-Strauss contre « le mythe de la dignité exclusive de la nature humaine » qui a coupé l'homme de

1. E. Kant, *Idée d'une histoire universelle au point de vue cosmopolitique,* Paris, Gallimard, « La Pléiade », vol. II, p. 187.

la nature en l'isolant du vivant, avec cette conséquence qu' « en s'arrogeant le droit de séparer radicalement l'humanité de l'animalité, en accordant à l'une tout ce qu'il retirait à l'autre, l'humanisme ouvrait un cycle maudit ». Selon lui, ce serait la même frontière qui « servirait à écarter les hommes d'autres hommes et à revendiquer au profit de minorités toujours plus restreintes, le privilège d'un humanisme, corrompu aussitôt né pour avoir emprunté à l'amour-propre son principe et sa notion »[1]. Cet humanisme-là serait impliqué dans toutes les tragédies du XXe siècle, du colonialisme au fascisme puis aux camps d'extermination.

Évitons cependant d'immobiliser l'histoire, car l'humanisme, dès lors qu'il associe singularité et égale appartenance à la communauté humaine, pourrait aussi s'ouvrir à l'idée plus généreuse que le vivant doit être protégé en tant que tel, et pas seulement comme patrimoine de l'humanité. À condition d'encadrer le dispositif de façon à éviter de paralyser toute recherche, la transformation du crime contre l'humanité serait alors concevable.

En définitive, l'interdit de l'inhumain doit rester évolutif, se construisant tantôt dans la continuité, du crime de guerre au crime contre l'humanité, tantôt dans l'indivisibilité qui lie l'humanité humiliée ou exterminée à l'espèce humaine fabriquée, tantôt en termes de complémentarité, des personnes à l'environnement. Comme l'humain lui-même, et comme le vivant, le crime contre l'humanité est toujours en devenir.

1. C. Lévi-Strauss, *Anthropologie structurale II,* Paris, Plon, éd. 1996, p. 53-55.

BIBLIOGRAPHIE GÉNÉRALE

Ambos K., Malarino E., Woischnik J. (dir.), *Dificultades jurídicas y políticas para la implementación del Estatuto de Roma. Contribuciones de América latina y Alemania,* Montevideo, Konder Adenauer Stiftung, 2006.

Atlan H., Augé M., Delmas-Marty M., Droit R.-P., Fresco N., *Le clonage humain,* Paris, Le Seuil, 1999.

Cassese A., Crimes agains humanity, *in* A. Cassese, P. Gaeta, P. Jones (eds), *The Rome Statute of the International Criminal Court : A Commentary,* Oxford, Oxford University Press, 2002.

Cassesse A., *International Criminal Law,* Oxford, Oxford University Press, 2003.

Currat P., *Les crimes contre l'humanité dans le statut de la Cour pénale internationale,* Bruxelles, Bruylant, 2006.

Delmas-Marty M. (dir.), *Vers des principes directeurs internationaux de droit pénal. Le processus d'internationalisation,* vol. VII, Paris, MSH, 2001 ; *Pour un droit commun,* Paris, Le Seuil, 1994 ; *Le flou du droit,* Paris, PUF, 2e éd., 2004 ; Le droit pénal comme éthique de la mondialisation, *Revue de science criminelle et de droit pénal comparé,* 2004 ; *Les forces imaginantes du droit,* vol. I : *Le relatif et l'universel,* Paris, Le Seuil, vol. IV : *Vers une communauté de valeurs ?,* Paris, Le Seuil, 2010 (à paraître).

Fouchard I., *Crime international. Entre internationalisation du droit pénal et pénalisation du droit international,* thèse de doctorat, Paris I - Panthéon - Sorbonne / IHEID, Genève, 2008, dactyl., 682 p.

Luban D., A theory of crimes against humanity, *The Yale Journal of International Law,* vol. 29, 2004.

Moreillon L. *et al., Aspects pénaux du droit du vivant,* Genève, Helbing & Lichtenhahn, 2004.

Neyret L., *Atteintes au vivant et responsabilité civile,* Paris, LGDJ, 2006, n° 689.

Neyret L., Reboul-Maupin N. (dir.), *Déclaration pour la sauvegarde et la protection juridique de l'environnement,* numéro spécial, *Les Petites Affiches,* n° 168, 21 août 2008.

Werle G. *Völkerstrafrecht,* Munich, Mohr Siebeck, 2e éd., 2008.

TABLE DES MATIÈRES

Imprimé en France
par MD Impressions
73, avenue Ronsard, 41100 Vendôme
Septembre 2009 — N° 55 477

IMPRIM'VERT
Votre imprimeur agit pour l'environnement

MD Impressions est titulaire du label Imprim'Vert®